AF629680

Stille Radwege
Oberbayern

Die eigenwilligen Zwillingstürme
der Wallfahrtskirche von Tuntenhausen

Bernhard Irlinger

Stille Radwege
OBERBAYERN

Entspannte Touren abseits des Trubels

BRUCKMANN

↑ Bauernstolz in Form von prächtigen Geranien, die den Hof schmücken
↘ Glückliche Kühe auf einer Wiese bei Benediktbeuern
↓ Die Beschilderung für Radfahrer wird immer besser.

INHALT

DIE TOUREN

Chiemgau und Rupertiwinkel

Am Alpenrand zwischen Inn und Lech

Erholsam flach geht es durch das Murnauer Moos.

Immer wieder führen uns die Wege durch malerische Dörfer wie Wengen.

Münchner Süden, Fünfseenland und Lechrain

Das Dorf Polling wird vom mächtigen Turm der alten Klosterkirche dominiert.

Vorwort

WILLKOMMEN IN OBERBAYERN – oder genauer gesagt im oberbayerischen Alpenvorland. Denn diese Region, die zweifellos zu den beliebtesten Ausflugs- und Feriengebieten in ganz Deutschland zählt, wollen wir erkunden. Hier gibt es so manche Radklassiker wie die Runden um die großen Voralpenseen, auf denen sich an sonnigen Wochenenden zahlreiche Radler drängen. Doch es gibt in Oberbayern zahllose alternative Traumtouren, die nicht weniger begeistern, und auf denen man die Wege noch weitgehend ungestört befahren kann. Die Ausblicke auf die Alpen sind mindestens genauso schön, so manche Badestelle hat man exklusiv für sich, und in den Biergärten ist leichter ein Platz zu finden. Genau solche Touren abseits des Trubels – die allesamt auch mit dem Zug erreichbar sind – werden in diesem Buch vorgestellt.

Und auf jeder dieser Touren können wir uns von der grandiosen Mischung aus Natur und Kultur begeistern lassen, die man so nur im oberbayerischen Alpenvorland findet. Immer wieder geht der Blick über blau leuchtende Seen zu den Alpengipfeln, man radelt an glasklaren Flüssen entlang oder durch herrliche Moorlandschaften. Am Wegesrand wachsen seltene Blumen und die stillen Wege bieten die Möglichkeit für bezaubernde Tierbeobachtungen. Milane ziehen am Himmel ihre Bahnen, Störche staksen durch die Wiesen und Eisvögel schießen wie Pfeile ins Wasser.

Aber auch Kultur und Lebensfreude kommen auf den Touren natürlich nicht zu kurz. Am Weg liegen wundervolle Landkirchen und altehrwürdige Klöster. Malerische Städte und bezaubernde Dörfer wollen erkundet werden und es locken Museen, Schlösser und Burgen. Und meist ist ein gemütlicher Biergarten nicht allzu weit entfernt, in dem man die bayerische Lebensart genießen kann.

Lassen Sie die Seele baumeln auf Entdeckungstour in Oberbayern.

Viele neue Eindrücke und Erlebnisse wünscht Ihnen

Bernhard Irlinger

Willkommen in Oberbayern

Oberbayern reicht weit nach Norden bis über die Donau. Wir widmen uns aber dem oberbayerischen Alpenvorland – also dem Gebiet am Fuß der Alpen.

Radfernwege

Zahlreiche Radfernwege, auf denen man lange Radreisen unternehmen kann, führen kreuz und quer durch das oberbayerische Alpenvorland. Die Süd-Nord-Wege folgen meist den großen Alpenflüssen. Der Innradweg führt von der Schweiz über Österreich nach Oberbayern, Ammer- und Isarradweg starten in den Bergen nahe der Grenze zu Österreich. Am Rand der Region folgen der Radweg Via Claudia Augusta und der Radweg Romantische Straße dem Lech und der Salzhandelsweg der Salzach. Von West nach Ost läuft der Bodensee-Königssee-Radweg im Auf und Ab am Fuß der Alpen entlang. In selber Richtung verläuft der Radweg Via Julia, der der alten Römerstraße von Augsburg nach Salzburg folgt.

Biergärten,

Maibäume und Lederhose

Einen erheblichen Teil zur Beliebtheit der Region trägt die bayerische Lebensart bei. Auf dem Land wird meist noch Mundart gesprochen und Dirndl und Lederhosen sind durchaus noch Alltagskleidung. Im Jahresverlauf werden zahlreiche Feste gefeiert. Ob beim Maibaumaufstellen, bei Fronleichnamsprozessionen oder bei den zahlreichen Pferdewallfahrten – immer sind die traditionellen Trachten zu sehen. Und die bodenständige bayerische Küche, die man in urigen Gasthöfen und schattigen Biergärten genießen kann, rundet das Oberbayernerlebnis ab.

80 km²

Der größte Voralpensee ist der Chiemsee

Oberbayern begeistert mit einer unglaublichen Fülle an großen und kleinen Seen. Der größte ist der Chiemsee, der tiefste mit 128 m der Starnberger See. Als wärmste Badeseen Oberbayerns gelten der Waginger See und der Abtsdorfer See im Osten der Region.

Das oberbayerische Alpenvorland

8 Landkreise und die kreisfreie Stadt Rosenheim erkunden wir auf den Touren durchs Alpenvorland. Rosenheim ist mit knapp 64 000 Einwohnern die weitaus größte Stadt der Region, Wasserburg unbestritten die Schönste. Mit 144 Einwohnern pro km² liegt das Gebiet weit unter dem bundesdeutschen Durchschnitt von 232.

Kirchen und Klöster

Die Türme von Kirchen und Klöstern setzen in ganz Oberbayern Ausrufezeichen in die Landschaft. Eine ganze Region südwestlich von München verdankt ihnen sogar ihren Namen – der Pfaffenwinkel.

Die Geschichte zahlreicher Klöster wie jene in Benediktbeuern oder Polling reichen bis ins 8. Jahrhundert zurück.

Im 11. und 12. Jahrhundert entstanden in einer zweiten Gründungswelle zahlreiche weitere Klöster. Die Fernwirkung der meisten Kirchen und Klöster wurde aber erst im 17. und 18. Jahrhundert geprägt, als in der Barockzeit die malerischen Zwiebeltürme entstanden.

Moore

Die zahlreichen Moore im Alpenvorland sind für den Klimaschutz wichtige CO_2-Senken und bieten einer großen Zahl von geschützten und vom Aussterben bedrohten Tier- und Pflanzenarten eine Zuflucht.

Das Murnauer Moos, von dem 28 km² unter Naturschutz stehen, gilt als größtes naturnahes Moorgebiet in Mitteleuropa.

Bruckmann-Tourenfinder

Für jeden Tag die richtige Tour

			km	Hm	Std.							
1	Rund um den Högl	🔴	41	480	3.30	✓		✓	✓		✓	✓
2	Von Tittmoning zum Tachinger See	🔴	35	390	3.00	✓		✓	✓		✓	✓
3	Rundtour bei Waging am See	🔴	41	400	3.30	✓		✓		✓	✓	✓
4	An Roter und Weißer Traun	⚫	33	300	3.00	✓		✓		✓	✓	✓
5	An der Tiroler Ache	⚫	47	400	4.00	✓		✓		✓	✓	✓
6	Von Altenmarkt zur Nordspitze des Chiemsees	🔴	32	220	2.30	✓	✓	✓	✓		✓	✓
7	Rund um Bad Endorf	🔴	41	410	3.30	✓		✓		✓	✓	✓
8	Rund um das Tal der Glonn	🔴	37	220	3.00	✓	✓	✓	✓		✓	✓
9	Zwischen Bad Aibling und Rosenheim	🔵	52	70	4.00	✓		✓	✓		✓	✓
10	Von Miesbach in die Berge	🔴	37	340	3.30	✓		✓		✓	✓	✓
11	Zwischen Bad Tölz und Dietramszell	⚫	32	300	3.00	✓	✓	✓	✓		✓	✓

			km	Hm	Std.							
12	Durch die Moore bei Benediktbeuern	🔵	30,5	40	2.30	✓	✓	✓	✓		✓	✓
13	Rund um Mittenwald	🔴	36	380	3.30	✓		✓		✓	✓	✓
14	Loisachtal und Murnauer Moos	🔵	44	90	3.30	✓	✓	✓	✓		✓	✓
15	Rund um den Staffelsee	🔴	33	310	3.00	✓		✓		✓	✓	✓
16	Von Schongau nach Steingaden	⚫	44	430	4.00			✓	✓		✓	✓
17	Von Weilheim zu den Osterseen	⚫	49	460	4.30	✓		✓		✓	✓	✓
18	Genusstour bei Raisting	🔵	38	100	3.00	✓	✓	✓	✓		✓	✓
19	Vom Starnberger See nach Andechs	⚫	40	410	3.30	✓		✓		✓	✓	✓
20	Am Ostufer des Starnberger Sees	🔴	38,5	200	3.30	✓	✓	✓	✓		✓	✓
21	Von Gauting ins Würmtal	🔵	29	170	2.30	✓	✓	✓		✓	✓	✓
22	Im Norden von Herrsching	🔴	39	390	3.30	✓		✓		✓	✓	✓
23	Am Westufer des Ammersees	🔴	40	280	3.30	✓		✓	✓		✓	✓
24	Landsberg und der Lechrain	🔴	62,5	350	5.00	✓		✓	✓		✓	✓

Bestens ausgeschildert führen die Wege durch das Alpenvorland.

INFO

PIKTOGRAMME ERLEICHTERN DEN ÜBERBLICK

Länge | Höhenunterschied | Fahrzeit

Einkehr

viel Sonne

ÖPNV

kindergeeignet

schattiger Weg

Sehenswürdigkeit

Baden

ANFORDERUNGEN

LEICHT

Technisch einfache Radtour auf gut ausgeschilderten und befestigten Wegen, die außerdem durch ihre kurze Wegstrecke schnell und leicht zu befahren sind. Hierbei handelt es sich oft um Strecken, die vor allen Dingen von trainierten Radlern auch als Halbtagestour in Angriff genommen werden können.

MITTEL

Touren, die durch einzelne Abschnitte oder Begebenheiten nicht mehr als leicht eingestuft werden können, aber dennoch nicht schwer sind. Oft handelt es sich um kurze Bereiche, bei denen die etwas schlechtere Wegbeschaffenheit kein müheloses Rollen ermöglicht. Außerdem sind hier auch schon mal kurze Abschnitte entlang von Straßen zu bewältigen oder der ein oder andere moderate Anstieg zu fahren. Die meisten Touren landeten jedoch in dieser Kategorie, weil hier mehr Kilometern zu bewältigen sind.

SCHWER

Anspruchsvollere Strecken, auf denen man sich schon alleine wegen der Länge mit Vorrat eindecken sollte. Bei den schweren Touren handelt es sich ausnahmslos um Ganztagestouren, die man nur mit entsprechender Kondition angehen sollte.

Auf den meisten Touren verführen Seen zu einer Badepause.

WISSENSWERTES AUS DER REGION

Radfahren im Oberbayerischen Alpenvorland, das ist immer eine grandiose Mischung aus herrlichen Weitblicken und beschaulichen Nahblicken, aus stiller Natur, sprudelnder Lebensfreude und Jahrtausende zurückreichender Geschichte und Kultur.

Immer im Blick bleiben die Berge, mal ganz nahe und mal aus der Ferne als langgestreckter Gipfelkamm. Doch hat die Region natürlich viel mehr zu bieten. Malerische Bauernhöfe, die im Sommer mit üppiger Blumenpracht geschmückt sind, liegen am Weg. Die vertrauten Zwiebeltürme zahlloser Dorfkirchen bilden Wegmarken im beschaulichen Hügelland. Burgen und Schlösser, Klöster und Museen sind zu bestaunen. Und malerische Altstädte beleuchten das Leben in vergangenen Zeiten. Oftmals hat man die

Qual der Wahl zwischen zahlreichen gemütlichen Gasthöfen und schattigen Biergärten. Soll man lieber in der altehrwürdigen Klosterbrauerei oder im Ausflugsgasthof mit herrlicher Aussicht einkehren oder an einer lauschigen Badestelle verweilen? Alternativ kann man das fast schon südländische Flair in einer der bezaubernden Altstädte genießen.

Selbstverständlich kommt auch der Naturliebhaber im Oberbayerischen Alpenvorland auf seine Kosten. Viele Wege folgen dem Lauf ungezähmter Flüsse oder führen uns durch malerische Moorlandschaften, die nach der Ausbeutung der letzten Jahrhunderte wieder von der Natur zurückerobert werden. Stille Weiher und Seen, auf denen sich der Himmel spiegelt, erfreuen das Auge. Am Himmel kreisen Greifvögel, im Sumpfland machen sich Störche und Reiher die Füße nass und auf extensiv genutzten Grasflächen finden die selten gewordenen Wiesenbrüter wieder eine neue Heimat. All diese offensichtlichen und verborgenen Schönheiten Oberbayerns lassen sich mit dem Rad am besten erkunden, und dies natürlich so weit wie möglich abseits des Lärms und der Abgase des Straßenverkehrs.

VERKEHRSFREIE RADTOUREN

Stören kann auf Radtouren im malerischen Alpenvorland neben schlechtem Wetter eigentlich nur eines – der von Jahr zu Jahr zunehmende Verkehr. Wer will sich schon auf viel befahrenen Straßen von Lastwagen und Autos an den Straßenrand drängen lassen. Und wem gefällt es, wenn der Duft von Heuwiesen und der Gesang von Vögeln durch Abgase und Verkehrslärm überdeckt wird? Deshalb sind in diesem Buch 30 Radtouren beschrieben, die möglichst weit abseits der gängigen Verkehrsrouten durch die stille Landschaft führen. Die Routen verlaufen entweder auf gänzlich verkehrsfreien Wirtschaftswegen oder auf einer der unzähligen

Abseits des Starnberger Trubels lässt es sich im Dörfchen Mörlbach gut leben.

schmalen Gemeindestraßen, die verstreute Höfe und Weiler verbinden und die fast ausschließlich von den jeweiligen Anliegern befahren werden. Mindestens 90 Prozent der jeweiligen Touren folgen diesen verkehrsfreien oder verkehrsarmen Wegen. Radwege, die an viel befahrenen Straßen entlangführen, dienen ebenso wie kurze Stücke auf mäßig stark befahrenen Nebenstraßen nur als Verbindungsglieder. Und lediglich ganz kurz muss man auf einigen Ortsdurchfahrten etwas stärkeren Verkehr in Kauf nehmen.

DIE TOURENAUSWAHL

Zwischen dem Lech im Westen und der Salzach im Osten führen die ausgewählten Touren durch das Oberbayerische Alpenvorland und durch die Oberbayerischen Berge. Die Runden variieren sowohl in der Länge als auch in den Anforderungen und bieten so für jeden Geschmack das passende Ziel. Neben vollkommen flachen Touren, wie jene durch die Moorlandschaften am Fuße der Alpen, stehen durchaus anspruchsvolle Runden, die in ständigem Auf und Ab durch das Alpenvorland oder die Berge führen. Einige Touren können familienfreundlich verkürzt werden. Wem doch einmal ein Berg zu steil ist, dem sollte kein Zacken aus der Bikerkrone brechen, wenn er das Rad über ein kurzes Steilstück schiebt. Holprige Passagen auf unbefestigten Wirtschaftswegen sind allesamt nur kurz und mit einem Trekkingrad oder einem E-Bike problemlos zu befahren.

Die Radwegbeschilderung wird von Jahr zu Jahr besser. Trotzdem fehlt so manches Mal an entscheidender Stelle ein Wegweiser, oder ein wenig netter Zeitgenosse hat das Schild

Am Ostufer des Starnberger Sees locken zahlreiche Einkehrmöglichkeiten.

in die falsche Richtung gedreht. Außerdem muss man gerade auf Touren, die abseits des Verkehrs verlaufen, oftmals auf unbeschilderte Wege ausweichen. Deshalb wurde besonderer Wert auf eine möglichst exakte Wegbeschreibung gelegt. Zur Befahrbarkeit von Forstwegen ist anzumerken, dass es in Bayern ein grundsätzliches Recht zum Betreten der freien Natur gibt. Das gilt nicht nur für Fußgänger, sondern auch für Radfahrer, wenn sie dafür geeignete Wege benutzen.

ANFAHRT

Alle Touren beginnen an einem Bahnhof, wodurch man die Anfahrt grundsätzlich umweltfreundlich gestalten kann. Bei allen beschriebenen Wegen handelt es sich um Rundtouren, die wieder zum Ausgangspunkt zurückführen. Dadurch kann man bei individueller Anreise ohne Problem zu seinem Fahrzeug zurückkehren. Da oftmals an den Bahnhöfen nur eingeschränkte Parkmöglichkeiten zur Verfügung stehen, parkt man bei Anreise mit eigenem Fahrzeug besser entlang der Strecke. So kann man je nach persönlichem Bedarf zum Beispiel an einem Badesee oder an einem Biergarten in die Tour einsteigen und sie am Ende mit einem erfrischenden Bad oder einer gemütlichen Einkehr ausklingen lassen.

Durch die Tourenregion verlaufen drei Autobahnen. Die A8 führt von München nach Salzburg und erschließt neben der Tourenregion an Mangfall und Inn auch den Chiemgau und den Rupertiwinkel. Das Tölzer Land ist von der A8 oder von der A95 aus zu erreichen. Auf der A95, die von München Richtung Garmisch-Partenkirchen führt, erfolgt außerdem die Anfahrt ins Werdenfelser Land, in den Pfaffenwinkel und ins Fünfseenland. Die A96 München–Lindau bietet sich für die Anfahrt in den Lechrain, in das westliche Fünfseenland und in den Westteil des Pfaffenwinkels an.

KARTENEMPFEHLUNG

Mit den Wegbeschreibungen und den Karten im Buch sollten die vorgestellten Touren problemlos zu befahren sein. Wer die Wege individuell verändern möchte, für den sind die entsprechenden ADFC-Regionalkarten im Maßstab 1:75 000 bei den jeweiligen Touren als Kartenempfehlung angegeben. Abgesehen von wenigen Kilometern der Tour 30 decken die drei Karten Bayerische Seen, München/Alpenvorland und Chiemgau die gesamte Tourenregion ab. Noch genauer sind die Umgebungskarten des Bayerischen Landesvermessungsamtes im Maßstab 1:50 000. Hier benötigt man für das Tourengebiet jedoch 10 Kartenblätter. Als Übersichtskarten geeignet und nützlich für die Anfahrt sind die Autokarten verschiedener Anbieter, die in kleinerem Maßstab die gesamte Region abbilden.

FAHRRAD UND AUSRÜSTUNG

Moderne E-Bikes und Trekking- oder Mountainbikes sind für die beschriebenen Touren die ideale Wahl. Sie sind stabil genug für kurze Abschnitte auf holprigen Wirtschaftswegen und bieten einen bergtauglichen Übersetzungsbereich, mit dem auch ein etwas steilerer Anstieg bezwungen werden kann. Dank guter Bremsen kann man steile Abfahrten angstfrei genießen. So manchem Ärger kann vorgebeugt werden, wenn man vor der Tour den Reifendruck, die Bremsen und die Antriebseinheit inklusive Schaltung und Kette überprüft. Werkzeuge für kleinere Reparaturen gehören ebenso ins Gepäck wie ein stabiles Fahrradschloss, um eine Bade- oder Biergartenpause oder eine Besichtigung mit gutem Gefühl genießen zu können.

Auf den schmalen Nebenstraßen lässt sich abseits des Verkehrs ungestört radeln.

CHIEMGAU UND RUPERTIWINKEL

Zahlreiche große und kleine Badeseen, herrliche Bergblicke und ein Jahrtausende zurückreichendes kulturelles Erbe

Auf dem malerischen Höglwörther See spiegelt sich das ehemalige Kloster.

1

PANORAMARUNDE IM BERCHTESGADENER LAND

Rund um den Högl

Bescheiden duckt sich die bewaldete Bergkuppe des Högl, die wir im Auf und Ab umrunden, nördlich von Piding vor der Mauer der Kalkalpen. Was dem Högl jedoch an Höhe fehlt, das macht er durch grandiose Nah- und Fernblicke wett. Vorbei am markanten Profil der Schlafenden Hexe geht der Blick zum Massiv des Watzmanns. In der Ferne leuchten die hellen Kalkzinnen des Dachsteins, und die mächtige Festung überragt das nahe Salzburg. Auf der Runde locken herrlich gelegene Gasthöfe, der weite Dorfplatz von Anger und der malerisch von einem alten Kloster überragte Höglwörther See immer wieder zu einer Rast.

VON TEISENDORF NACH ULRICHS-HÖGL Wir radeln vom Bahnhof Teisendorf rechts auf der Zufahrtsstraße kurz abwärts, biegen an der Kreuzung nach rechts ab und folgen der Straße, die nach kurzer Fahrt die Bahnlinie unterquert. Nach etwa einem Kilometer biegen wir von der Hauptstraße rechts in eine schmale, nach Punschern ausgeschilderte Straße ein. Nach kurzer Fahrt geht es geradewegs durch Punschern und dann auf schmaler Teerstraße über eine Hügelkuppe, auf der sich bei klarer Sicht ein überwältigender Blick auf die Berchtesgadener Alpen und den Dachstein bietet. Die Schilder des Rupertiwinkel-Radweges leiten uns jetzt durch den Weiler Arnolding auf einen Kiesweg und dann rechts an Seeleiten vorbei. Nach kurzer Fahrt radeln wir geradeaus über eine Vorfahrtsstraße auf einen Feldweg, der am Waldrand nach rechts knickt und uns zu einer Wegkreuzung bringt. Hier biegen wir links in den Wald ein und folgen der Beschilderung der Via Julia auf dem Hauptweg bis zu einem Teersträßchen, das uns rechts aus dem Wald nach Patting führt. Wir fahren durch den Ort hindurch und ignorieren die Schilder der nach links abzweigenden Via Julia. Auf schmaler Teerstraße radeln wir – vorbei am Golfplatz – bis zu einer Kreuzung im Weiler Weng. Wir fahren rechts abwärts auf einen Wirtschaftsweg und bald geradeaus durch Straß bis zur B 304. Auf ihr geht es kurz nach rechts, hinter dem Gasthof Huber links in eine Nebenstraße und nach der Brücke über die Eisenbahnlinie nach rechts. Nach 400 Metern biegen wir links auf eine schmale Teerstraße ab, die uns durch das Tal der Kleinen Sur hinauf nach Ottmaning führt. Dort biegen wir in das erste links abgehende Sträßchen ein und folgen bald einer Querstraße nach links. Die nächsten Kilometer leiten uns die Wegweiser des Radweges »Rund um den Högl«. Nach kurzer Fahrt schwenken wir rechts auf einen Feldweg, der uns nach Thundorf bringt. Hier treffen wir auf eine Vorfahrtsstraße, auf der wir rechts zur nahen Hauptstraße hinaufradeln. Jetzt fahren wir links auf dem Radweg aufwärts, bis wir nach gut einem Kilometer rechts auf die schmale, nach Ulrichshögl ausgeschilderte Straße abbiegen. Nach einem Steilstück zu Beginn können wir in Rabling etwas Luft holen, ehe wir uns über einen anstrengenden Anstieg endgültig nach Ulrichshögl hinaufmühen.

Tipp

SEHENS- UND WISSENSWERTES

Die gotisch-barocke Kirche in Ulrichshögl mit dem markanten, weithin sichtbaren barocken Zwiebelturm liegt herrlich auf einem Ausläufer des Högl. Über dem Ort Piding ragt die romanisch-gotische Burg Staufeneck auf, in der das Salzburger Pflegegericht für den Rupertiwinkel untergebracht war. Das auf einem beherrschenden Hügel gelegene Dorf Anger gilt als eines der schönsten in Oberbayern. Über dem weiten Dorfplatz ragt die 1884 im nahen Achthal gegossene Mariensäule auf, und in der spätgotischen Pfarrkirche kann man ein interessantes Eichenportal (um 1550) bewundern. Der kleine, in einem eiszeitlichen Toteisloch gelegene Höglworther See bietet in den Sommermonaten eine malerische Badegelegenheit. Auf dem Wasser spiegelt sich das Anfang des 12. Jahrhunderts gegründete Kloster, das im Privatbesitz ist und nicht besichtigt werden kann.

VON ULRICHSHÖGL NACH PIDING In Ulrichshögl lassen wir die Räder zu einer Kreuzung hinabrollen und folgen der Straße links hinab zum Ortsrand von Ainring. Dort geht es vor der Kirche nach rechts in den Pfarrer-Reiter-Weg und nach 100 Metern

Tipp

EINKEHR MIT AUSSICHT UND STIL

In Ulrichshögl hat man bereits alle anstrengenderen Anstiege der heutigen Tour hinter sich, und so kann man eine Rast im herrlich aussichtsreich gelegenen Gasthaus Ulrichshögl in vollen Zügen genießen. Über der nahen Stadt Salzburg ragen die hellen Mauern der mächtigen Festung, und weit schweift der Blick ins Salzkammergut. Kurz vor Ende der Tour lockt eine Rast in der Klosterwirtschaft Höglwörth, die in den ehemaligen Wirtschaftsgebäuden untergebracht ist. Nach einem Bad im nahen See kann man sich im schönen Biergarten mit typisch bayerischen Gerichten stärken.

rechts auf einen Feldweg, der uns zu einem Sträßchen hinabführt. Auf ihm fahren wir nach rechts, an einer nahen Gabelung nach links und an der nächsten Kreuzung geradeaus auf einen Kiesweg. An seinem Ende geht es auf einem Teersträßchen rechts an den Gleisen entlang und an der Kreuzung am Fuß von Bicheln links über die Gleise nach Hammerau. Geradeaus radeln wir bis zur B 20, die wir an einer Fußgängerampel überqueren. Nun schieben wir das Rad auf dem Gehweg, der nach kurzer Strecke in einen Radweg übergeht. Der Weg schwenkt bald links von der Bundesstraße in eine Seitenstraße. Kurz nach dem Gasthof Auwirt halten wir uns an der Kreuzung rechts und radeln auf angenehmen Sträßchen an der Saalach entlang über Bichlbruck bis vor einen Bahnübergang. Wir folgen dem Saalachtalradweg links auf einen Kiesweg. Kurz vor der Autobahn geht es nicht links über eine schmale Brücke, sondern geradeaus und nach wenigen Metern an einem Fußgängerübergang vorsichtig über die Bahnlinie. Wir radeln geradeaus in das nahe Piding und dort auf einer Teerstraße nach links. Bis Teisendorf leiten uns nun die Wegweiser des Bodensee-Königssee-Radweges. Geradewegs geht es durch den Ort bis zu einer Vorfahrtsstraße, auf ihr nach links bis vor die Kirche und dort rechts zur B 20.

VON PIDING NACH ANGER Wir radeln links unter der Bundesstraße hindurch und dann auf einem Radweg an der Kreisstraße entlang. Nach 500 Metern biegen wir scharf links in den Innebergweg ein und erreichen nach kurzer Fahrt eine Querstraße, der wir nach rechts folgen. Wenig später leiten uns die Radwegweiser links auf einen Weg, der uns nahe der A 8 entlang der Stößer Ache nach Aufham bringt. Wir radeln unter der A 8 hindurch zur Hauptstraße, auf ihr wenige Meter nach rechts und dann links in die Dorfstraße. Bei nächster Gelegenheit fahren wir rechts in die Angerstraße und bald links in ein schmales Sträßchen, das uns geradewegs auf Anger zuführt. Wir erreichen kurz vor der A 8 eine Vorfahrtsstraße, in die wir links einschwenken, und fahren unter der Autobahn hindurch nach Anger. Am Ortsrand geht es geradeaus über eine Vorfahrtsstraße, kurz steil aufwärts zu einer Querstraße und auf ihr links nochmals kurz steil aufwärts zur Kirche und zum weiten Dorfplatz von Anger.

VON ANGER NACH TEISENDORF Nach der Kirche von Anger radeln wir rechts am Dorfplatz entlang. An seinem Ende schwenkt die Hauptstraße nach links. Wir wechseln aber geradeaus in den schmalen Klosterweg und fahren an allen folgenden Kreuzungen geradeaus. Nach einer Abfahrt liegt Kloster Höglwörth malerisch vor uns.
Kurz vor dem Kloster kann man links einen kurzen Abstecher zu den Badestellen am Höglwörther See machen. Wir fahren jedoch geradeaus und erreichen nach kurzer Fahrt den gemütlichen Gasthof Klosterwirt. Nach dem Gasthof geht es links über den Parkplatz

und an dessen Ende auf eine schmale Teerstraße. Nach kurzer Fahrt folgen wir den Radwegweisern geradeaus auf einen Kiesweg. Jetzt fahren wir immer geradeaus, bis wir ab der Kreuzung in Ramsau rechts in die unbefestigte Ramsauer Straße abbiegen. In sanftem Auf und Ab führt uns das Sträßchen durch ein beschauliches Tal. Unter einer Bundesstraßenbrücke treffen wir auf eine geteerte Querstraße. Auf ihr radeln wir nach links und bald vorbei am Freibad geradeaus ins Ortszentrum von Teisendorf. Nach der Brauerei Wieninger biegen wir rechts in eine Vorfahrtsstraße ein, die uns zur Marktstraße im Ortszentrum führt. Auf ihr lassen wir die Räder rechts zum Ortsrand hinabrollen und folgen bald links der Beschilderung zum nahen Bahnhof Teisendorf.

INFO

HIGHLIGHT
Naturparadies

TOURENCHARAKTER
Rundtour großteils auf verkehrsarmen Nebenstraßen sowie verkehrsfreien Rad- und Wirtschaftswegen, nur in und bei Teisendorf etwas mehr Verkehr

AUSGANGS-/ENDPUNKT
Bahnhof Teisendorf

GPS-DATEN
47.8492 N, 12.8342 O

ANFAHRT
Auto: Teisendorf liegt zwischen Traunstein und Freilassing an der B 304. Von der A 8 ist Teisendorf am besten über die Ausfahrt Neukirchen und weiter über Achthal und Oberteisendorf zu erreichen.
Bahn: Teisendorf liegt an der Bahnlinie von München nach Salzburg.

WEGVERLAUF
Teisendorf – Ulrichshögl (16 km) – Piding (25,5 km) – Anger (33 km) – Teisendorf Bahnhof (41 km)

RADKARTE
ADFC-Regionalkarte 1:75 000, Blatt Chiemgau

EINKEHR
In Patting, Straß, Ulrichshögl, Hammerau, Piding, Aufham, Anger, Höglwörth und Teisendorf

Mittel | 41 km | 480 Hm | 3.30 Std.

INFORMATION
Touristinfo Teisendorf, Tel. 08666/295, www.teisendorf.de;
Tourist Info Anger, Tel. 08656/98 89 22, www.anger.de

STADTPLATZ, BURG UND BAUERNLAND

Von Tittmoning zum Tachinger See

Diese Tour führt von Tittmoning in das Bauernland im nördlichen Teil des Rupertiwinkels, der einstmals zum Salzburger Bischofsstaat gehörte. Seit alters her brachte der Handel mit Salz, dem Weißen Gold des Mittelalters, Wohlstand in die Flussstädte an der Salzach. Der malerisch weite Stadtplatz von Tittmoning mit der geschlossenen Fassadenreihe der historischen Bürgerhäuser zeugt bis heute vom einstigen Reichtum. Über dem Ort stellten die Salzburger Erzbischöfe dem flussabwärts auf bayerischem Territorium gelegenen Burghausen eine wehrhafte Festung entgegen.

2

Bunte Hausfassaden umstellen den weiten Stadtplatz von Tittmoning.

In der mächtigen Burg von Tittmoning sind heute mehrere Museen untergebracht.

VON TITTMONING NACH TÖRRING Wir starten unsere Tour auf dem herrlich weiten, von Häusern im sogenannten Inn-Salzach-Stil eingefassten Stadtplatz von Tittmoning. Wir verlassen den Platz an seiner schmaleren Südseite durch das Laufener oder Salzburger Tor genannte Stadttor und biegen kurz darauf rechts in die Traunsteiner Straße – bis Hof führen uns nun die Wegweiser Benedikt-Radweg und Salzhandelsweg. Nach 300 Metern geht es links in den Zwieselweg und am Ende der Straße geradeaus auf einen Kiesweg, der dem Verlauf der ehemaligen Stichbahnstrecke nach Tittmoning folgt. Vorbei an den Erläuterungen eines Bienenlehrpfades radeln wir sanft aufwärts, bis der Kiesweg nach gut zwei Kilometern an einer Teerstraße endet. Wir folgen dieser rechts hinauf und biegen nach 300 Metern links in eine Nebenstraße, von

Tipp

MUSEUMSBURG TITTMONING

Hoch über Tittmoning ragt die mittelalterliche Burg der Salzburger Erzbischöfe auf, die im 17. Jahrhundert zu einem Jagdschloss umgebaut wurde. In 25 im Originalzustand des 17. Jahrhunderts erhaltenen Räumen zeigt das Heimathaus des Rupertiwinkels seine umfangreichen Sammlungen zur Vor- und Fruhgeschichte, darunter nahe der Stadtkirche entdeckte römische Mosaikböden, Volkskunst und vieles mehr. Im Gerbereimuseum wird nicht nur die Geschichte der Lederverarbeitung beleuchtet, sondern Besucher dürfen auch selbst Hand anlegen. Geöffnet sind die Museen vom 1. Mai bis 5.Oktober Mi bis Sa 13–17 Uhr. Der Eintritt ist frei.

Tipp

SEHENS- UND WISSENSWERTES

Die spätgotische Kirche St. Coloman wurde um 1500 in herrlich aussichtsreicher Lage auf einem Hügel am Nordufer des Tachinger Sees errichtet. Im Inneren besticht das Gotteshaus mit einem wertvollen spätgotischen Flügelaltar von 1515, den original erhaltenen Glasfenstern und gotischen Heiligenfiguren. Eine Besichtigung ist nur während öffentlicher Veranstaltungen möglich. Wer zu einem anderen Zeitpunkt die Kirche besuchen möchte, kann im benachbarten Mesnerhaus den Schlüssel erfragen. Schon in frühgeschichtlicher und römischer Zeit war das Gebiet von Tittmoning besiedelt. Ende des 8. Jahrhunderts wurde die Stadt, die während der folgenden tausend Jahre zu Salzburg gehörte, erstmals urkundlich erwähnt. Sehenswert ist neben der gotisch-barocken Pfarrkirche, in der man Gemälde von Cosmas Damian Asam bewundern kann, vor allem der wundervolle Stadtplatz, der sich zwischen Laufener und Burghauser Tor in die Länge streckt. Umgeben wird er von den Fassaden der im Inn-Salzach-Stil erbauten Bürgerhäuser mit ihren horizontalen Giebelwandabschlüssen. Besonders eindrucksvoll ist das Rathaus mit den goldenen Büsten römischer Herrscher an der im Jahr 1711 gestalteten Prunkfassade. Beherrscht wird die Stadt von der mächtigen Burg.

der man bei klarer Sicht einen beeindruckenden Blick zu den Hochgipfeln der Berchtesgadener Alpen und zum Dachstein hat. Über Linerding und Gramsam radeln wir zu einer Vorfahrtsstraße, überqueren sie und folgen dem Radweg nach rechts. Kurz darauf biegen wir links in eine Nebenstraße, die uns zu einer Weggabelung bei Holzhausen bringt. Wer zurück zum Bahnhof Wiesmühl will, der folgt geradeaus den Radwegweisern und biegt bald rechts in eine schmale Straße, die durch den Wald zurück zum Bahnhof führt.

Wir halten uns jedoch links und radeln am gotischen Kirchlein von Hof vorbei zu einer Kreuzung. Hier geht es nach rechts und wir folgen nach einem kurzen Anstieg nicht links dem Benedikt-Radweg, sondern fahren geradeaus weiter. Bald radeln wir über die Bahnlinie und treffen auf eine Vorfahrtsstraße. Auf ihr fahren wir kurz nach links und dann rechts in die Schmidbergstraße, die ins Ortszentrum von Törring hinaufführt. Auf einer Querstraße geht es rechts zum nahen Dorfplatz. Auf der rechten Seite des Platzes radeln wir aufwärts und dann rechts an der Kirche vorbei. Nun fahren wir auf der Seestraße aus dem Ort und auf schmaler Teerstraße weiter geradeaus auf die Berge zu. Nach eineinhalb Kilometern treffen wir auf eine Querstraße, der wir nach rechts folgen. Bald liegt links das Wallfahrtskirchlein St. Coloman, das schon wegen seiner herrlichen Lage einen Zwischenstopp wert ist. Vom Hügel, der den Tachinger See überragt, schweift der Blick zu den Alpen. Und wer eine Badepause einlegen will, der kann vom Gotteshaus einen Abstecher hinab zum Seebad Tengling unternehmen, das uns zu Füßen liegt.

VON ST. COLOMAN ZUM LEITGERINGER SEE Unser Weg führt aber auf der schmalen, aussichtsreichen Straße geradewegs am Hügelkamm entlang weiter. Kurz vor Tengling erreichen wir eine Kreuzung, an der wir nicht links zum Dorf hinabfahren, sondern geradeaus. Bevor wir die Landstraße erreichen, halten wir uns an der Kreuzung in Tengling-Thalwies rechts und radeln danach schräg über die Hauptstraße in ein

↑ Das Kirchlein St. Coloman begeistert durch seine Lage und seine Kunstwerke.
↓ Die bezaubernde gotische Kirche im Weiler Hof

Nebensträßchen. Im Weiler Mönchspoint geht es geradeaus auf einen Wirtschaftsweg und kurz steil aufwärts zu einem Teersträßchen, das uns rechts nach Haus bringt. Wir biegen links in die Landstraße und nach 300 Metern bei nächster Gelegenheit links in eine Nebenstraße ein. Bald radeln wir rechts um ein Kieswerk und sanft aufwärts zu einer Vorfahrtsstraße. Wir fahren wenige Meter nach links und biegen dann rechts in eine zweispurige, aber wenig befahrene Nebenstraße ein. Nach gut zwei Kilometern biegen wir links nach Ollerding ab. Auf schmaler Straße geht es vorbei an den stattlichen Höfen von Ollerding, und nach dem Weiler an der Weggabelung nach links. Aufwärts fahren wir durch die Wiesen zu einem Querweg, auf dem wir links durch Bergham radeln. Vor den letzten Häusern des Weilers halten wir uns links

Vom Kirchlein St. Coloman geht der Blick über den Tachinger See zu den Alpen.

und überqueren nach kurzer Fahrt eine Vorfahrtsstraße. Im nahen Stetten folgen wir links dem schmalen Vorfahrtssträßchen und erreichen bald Zaiselham. Geradeaus geht es zur Gabelung am Ende des Weilers, an der wir rechts dem schmaleren Sträßchen folgen. Wir radeln kurz auf eine Kuppe, von der sich eine berauschende Aussicht zu den Chiemgauer Alpen und zu den Berchtesgadener Bergen mit dem breiten Massiv des Watzmann und dem schroffen Felshorn des Hochkalter bietet. Eine kurze Abfahrt bringt uns anschließend zu einer Kreuzung, an der wir uns rechts halten. Wir gelangen nach Hainbuchreut und rechts um die Gebäude zu einem Wirtschaftsweg, der in den Wald führt. Dort folgen wir an der Kreuzung dem nach rechts schwenkenden Hauptweg, der sich durch den Wald schlängelt und bald die Bahnlinie überquert. Wenig später ist der Waldrand erreicht, und auf schmaler Teerstraße geht es zu einer Kreuzung hinab. Geradeaus – bis Tittmoning leiten uns nun die Wegweiser des Benedikt-Radweges und des Salzhandelsweges – führt uns das Sträßchen bis vor die viel befahrene Landstraße. Von hier kann man einen Abstecher zum nicht weit entfernten Bad am Leitgeringer See machen. Dazu radelt man links parallel zur Hauptstraße bis zur Seitenstraße, die links zum nahen See führt.

VOM LEITGERINGER SEE NACH TITTMONING Der Weiterweg nach Tittmoning führt jedoch kurz nach rechts und dann links über die Landstraße. Geradewegs fahren wir durch Diepling und gelangen mit herrlichem Bergblick zu einer Vorfahrtsstraße. Jenseits der Straße folgen wir dem Radweg nach links. Nach kurzer Strecke knickt unser Radweg rechts in eine Nebenstraße, an der entlang wir durch Tittmoning-Ponlach radeln. Nach einem Kilometer endet der Radweg und 100 Meter weiter biegen wir links in einen Teerweg ein, der uns kurz steil abwärts zu einer Querstraße bringt. Vor uns liegt jetzt die mächtige Burg Tittmoning, die links schnell erreicht ist. Der Weiterweg biegt aber kurz vor dem Burggraben rechts in das schmale Sträßchen Ponlach, das steil abwärts zu einer Vorfahrtsstraße führt. Auf ihr geht es links zur B 20 und wieder links durch das Stadttor auf den historischen Stadtplatz von Tittmoning.

INFO

Mittel | 35 km | 390 Hm | 3.00 Std.

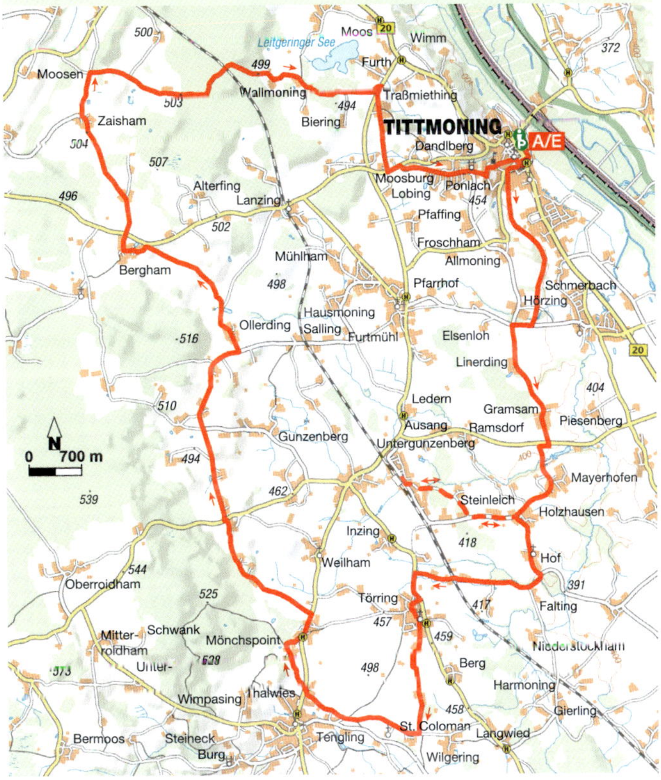

HIGHLIGHT

Sehenswürdigkeit

TOURENCHARAKTER

Rundtour großteils auf verkehrsarmen Nebenstraßen, kürzere Abschnitte auf verkehrsfreien Wirtschafts- und Radwegen

AUSGANGS-/ENDPUNKT

Stadtplatz von Tittmoning

GPS-DATEN

48.0623 N, 12.7673 O

ANFAHRT

Auto: Tittmoning liegt zwischen Bad Reichenhall und Burghausen an der B 20.
Bahn: Der Bahnhof Wiesmühl/Tittmoning liegt nahe der beschriebenen Strecke. Beginnt man die Tour dort, fährt man vor dem Bahnhof nach rechts und folgt nach kurzer Strecke links dem Radwegweiser Richtung Tittmoning. Nun auf schmaler Straße zu einer Querstraße und links zur Kreuzung vor Holzhausen, an der man rechts auf die beschriebene Route einbiegt.

WEGVERLAUF

Tittmoning – St. Coloman (13 km) – Leitgeringer See (31 km) – Tittmoning (35 km)

RADKARTE

ADFC-Regionalkarte 1:75 000, Blatt Chiemgau

EINKEHR

Im Strandbad Tengling (Abstecher), im Strandbad Leitgeringer See (Abstecher) und in Tittmoning

INFORMATION

Touristinfo Tittmoning, Tel. 08683/70 07 10, www.tittmoning.eu

Schmale Straßen schlängeln sich durch das aussichtsreiche Hügelland.

3

AM WÄRMSTEN SEE OBERBAYERNS

Rundtour bei Waging am See

Die Tour durch das Hügelland am Waginger See führt uns durch uraltes Kulturland. Bei Ausgrabungen in Waging stießen die Archäologen unter einem bajuwarischen Friedhof auf über 3000 Jahre alte bronzezeitliche Gräber. Bei Holzhausen versteckt sich eine keltische Viereckschanze, und an der Kirche von Egerdach wurde vor wenigen Jahren ein römischer Meilenstein aus dem Jahre 201 entdeckt. Und dass schon vor 500 Jahren die Bewohner die Schönheit ihrer Heimat zu schätzen wussten, beweisen die Bildtafeln des spätgotischen Flügelaltars in St. Leonhard am Wonneberg, für die der Künstler Stadt- und Landschaftsszenen aus dem heimischen Umfeld wählte.

VON WAGING NACH TENGLING Vom Bahnhof Waging radeln wir zur Hauptstraße und auf dieser rechts Richtung Ortsmitte. Nach 300 Metern fahren wir links auf der Bahnhofstraße zum Marktplatz im Zentrum von Waging am See. Wir radeln links über den Marktplatz und auf der Seestraße an der Pfarrkirche vorbei abwärts. Bald geht es geradeaus über den Höllenbach und bei nächster Gelegenheit rechts in eine Nebenstraße. Nach wenigen Metern halten wir uns wieder rechts und folgen dem Fischinger Weg abwärts. Hinter den letzten Häusern geht er in einen Wirtschaftsweg über, führt bald unter der Landstraße hindurch und bringt uns rechts ins Zentrum von Fisching. Auf der Kurhausstraße fahren wir wenige Meter nach rechts und gelangen dann links auf dem Sträßchen Zum Seeteufel zur Landstraße. Wir biegen vor der viel befahrenen Straße rechts in einen Weg, radeln unter der Straße hindurch und folgen ihr jenseits nach Norden. Nach 800 Metern geht es rechts unter der Landstraße hindurch Richtung Tettenhausen. Ein Radweg bringt uns zur Brücke, die die Verbindung von Waginger See und Tachinger See überspannt. Nach einem kurzen Anstieg biegen wir in Tettenhausen links in die Bichelner Straße ein, auf der wir nach 250 Metern eine Kreuzung erreichen. Geradewegs führt ein ausgeschilderter Radweg über Bicheln und die Hügel östlich des Tachinger Sees zur Nordspitze des Sees. Wir wählen den einfacheren Weg und biegen links mit dem Radwegweiser Seeuferweg in den Seeleitenweg ein, der nach einer Schranke in einen Kiesweg übergeht. Anfangs geht es auf schmalem Weg mit zwei kurzen Schiebestrecken am bewaldeten Seeufer entlang. Bald wird der Weg breiter und wir erreichen die Wiesen am Nordufer des Tachinger Sees. Wir biegen links auf einen schmalen Weg, der am Seebad Tengling vorbei zur Zufahrtsstraße führt. Auf dem

↑ Der Turm der Pfarrkirche überragt den historischen Ortskern von Waging.

↓ Ein aufwendig konstruierter Bundwerkstadel

Radweg geht es rechts aufwärts zur Vorfahrtsstraße, die wir unterhalb des sehenswerten Kirchleins St. Coloman erreichen. Der Radweg bringt uns links entlang der Straße nach Tengling.

VON TENGLING NACH KAMMER Im Ortszentrum von Tengling treffen wir auf die viel befahrene Landstraße, auf der wir nach links radeln. Nach gut 200 Metern geht es am Ortsende rechts in die nach Burg ausgeschilderte Nebenstraße und nach kurzer Fahrt links auf eine schmale Straße. Ein lang gezogener Anstieg wird durch den schönen Blick auf den Tachinger See versüßt. An der Kreuzung in Schönhofen fahren wir geradeaus auf angenehmer Strecke bis zu einer Vorfahrtsstraße. Wir radeln auf einer Kiesspur nach links und überqueren im nahen Hammerloh die Hauptstraße. Jenseits beginnt ein herrlich aussichtsreiches Panoramasträßchen. An klaren Tagen weitet sich nach und nach der Blick vom Wilden Kaiser über die Chiemgauer und Berchtesgadener Alpen bis zum Dachstein. Die schmale, kaum befahrene Straße führt an Assing vorbei. Bald wird eine Vorfahrtsstraße überquert, und vorbei an Buchberg geht es weiter nach Haunerting. Hier fahren wir an der Weggabelung nach links, bald wieder über eine Vorfahrtsstraße und zunehmend steiler hinauf nach Holzhausen. Wir radeln rechts auf der Hauptstraße durch den Ort und biegen am Ortsende links Richtung Tettelham ab. Nach 500 Metern schwenkt nach dem letzten Hof von Hofbauer das Teersträßchen nach links. Wir biegen hier rechts auf einen Wirtschaftsweg, der uns in sanftem Auf und Ab über die Wiesen in den Wald führt. Auf dem etwas holprigen Weg gelangen wir bald zu einer Sandstraße, auf der wir links ins nahe Straß radeln. Wir überqueren die Kreisstraße – rechts auf der Straße wäre eine kürzere, aber nicht verkehrsfreie Alternative nach Kammer – und biegen nach 500 Metern gegenüber dem Abzweig nach Freimann rechts auf einen Wirtschaftsweg. Über die Felder und durch den Wald fahren wir geradeaus bis zu einem Querweg am Rand einer Waldweide. Auf diesem geht es links über die Wiesen und durch den Wald, bis wir nach einem Rechtsknick wieder auf einen

Tipp

SEHENS- UND WISSENSWERTES

Der Waginger See und der Tachinger See sind durch eine Engstelle bei Tettenhausen voneinander getrennt. Sie liegen in einer von den Eiszeitgletschern geschaffenen Mulde. Der Waginger See gilt als wärmster Badesee Oberbayerns. Am malerisch gelegenen gotischen Kirchlein von Egerdach ist ein über zwei Meter hoher römischer Meilenstein aus dem Jahre 201 n. Chr. zu bewundern. Die 1496 erbaute gotische Wallfahrtskirche St. Leonhard am Wonneberg ist weithin sichtbar mit ihrem barocken Zwiebelturm. In den neugotischen Hauptaltar sind hervorragende spätgotische Altarbilder des Laufener Künstlers Gordian Guckh integriert, und sehenswerte frühbarocke Wand- und Deckenfresken zeigen biblische Szenen. Alljährlich am Sonntag nach dem 6. November führt ein Leonhardiritt von Waging am See nach St. Leonhard am Wonneberg. Funde beweisen, dass der Ort Waging am See seit über 3000 Jahren besiedelt war. 788 wurde Waging erstmals urkundlich erwähnt, und 1385 erhielt es die Marktrechte. Bis 1803 gehörte Waging, das ein wichtiger Umschlagplatz an der Salzstraße war, zu Salzburg. Im malerischen Ortskern ducken sich unter der sehenswerten barocken Pfarrkirche einige historische Bürgerhäuser.

Eine Brücke führt über die Verbindung zwischen Waginger See und Tachinger See.

Querweg stoßen. Rechts fahren wir Richtung Kammer und nach 300 Metern über einen kurzen, aber steilen Berg aufwärts. Jetzt radeln wir geradeaus, bis wir in Kornacker auf die Kreisstraße treffen, die uns links ins nahe Kammer bringt. Wir wechseln hier auf die Vorfahrtsstraße, die abwärts durch den Ort führt.

VON KAMMER NACH ST. LEONHARD

Nach der Kirche von Kammer fahren wir noch kurz auf dem Radweg an der Hauptstraße entlang und biegen bei nächster Gelegenheit links in die Sportplatzstraße. Nach dem Sportplatz geht es auf eine Forststraße, bald an einer Kreuzung auf dem Hauptweg nach links und an der folgenden Kreuzung nahe einer Waldweide nach rechts. Nun radeln wir immer auf dem Hauptweg geradeaus, bis wir auf eine schmale Teerstraße treffen. Auf ihr fahren wir nach links und nach 400 Metern auf einer Wiese von der scharf nach links knickenden Straße geradeaus auf einen Kiesweg. Nach einem Anstieg treffen wir auf eine schmale Teerstraße, radeln wenige Meter nach rechts und biegen dann links ab. Bis Egerdach leiten uns jetzt die Wegweiser des Chiemsee-Waginger See-Radweges. Kurz vor Lüfteneck biegen wir links in eine Forststraße ein, radeln an den folgenden Kreuzungen geradeaus und schließlich an einer Weggabelung neben einer Hütte links zur Landstraße. Wir überqueren vorsichtig die viel befahrene Straße, radeln kurz nach rechts und dann auf einem Sträßchen links über die Bahnlinie. Nach einem Kilometer biegen wir rechts ab und erreichen über Selberting schnell Voitswinkl. Wenige

Am idyllisch gelegenen Kirchlein von Egerdach fand man einen römischen Meilenstein.

Meter fahren wir nach rechts und dann links abwärts zum malerisch in einem Wiesental gelegenen gotischen Kirchlein von Egerdach. An der Kreuzung nach der Kirche radeln wir links nach Egerdach hinauf und halten uns dort an zwei Gabelungen jeweils rechts. Nun geht es geradewegs über die Wiesen, die uns mit einem weitläufigen Alpenblick verwöhnen, zu einer Vorfahrtsstraße. Wir folgen ihr nach links und biegen nach kurzer Fahrt in Oberwendling rechts Richtung Weißbach ab. Über Wiesen und durch Wald gelangen wir zu einer Kreuzung bei Weißbach und fahren dort nach links. Auf dem schmalen Sträßchen erreichen wir nach 900 Metern eine Gabelung. Wer nicht nach St. Leonhard will, kann hier geradeaus fahren und trifft bei Köpfelsberg auf die beschriebene Strecke. Wir biegen links in das Teersträßchen ein, das nach kurzer Fahrt in einen Feldweg übergeht. Am Ortsrand von St. Leonhard am Wonneberg erreichen wir die Hauptstraße, die uns rechts in das Dorf führt – bis Waging leiten uns nun wieder die Wegweiser des Chiemsee-Waginger See-Radweges.

Tipp

DAS BAJUWARENMUSEUM IN WAGING AM SEE

Im Bajuwarenmuseum erfährt der Besucher mehr über die dunkle Zeit des Frühmittelalters, als nach dem Abzug der Römer germanische Stämme das Land besiedelten und sich wohl mit der romanischen Urbevölkerung zum Stamm der Bajuwaren mischten. Zu sehen sind zahlreiche wertvolle Funde aus den bajuwarischen Reihengräberfeldern, die von Archäologen am Friedhof von Waging und im nahen Petting entdeckt wurden. Geöffnet Pfingsten bis Mitte September Mo bis Fr 9–18 Uhr, übrige Zeit Mo bis Fr 8–16 Uhr und ganzjährig Sa und So 10–16 Uhr.

VON ST. LEONHARD NACH WAGING

Kurz vor der sehenswerten Kirche knickt in St. Leonhard am Wonneberg die Straße nach rechts und führt uns aufwärts ins nahe Köpfelsberg. Wir biegen links – die Kurzvariante führt geradeaus über die Hauptstraße – in eine schmale Nebenstraße und radeln über aussichtsreiche Wiesen bis zu einer Wegkreuzung vor einem Brückchen. Hier geht es links Richtung Waging und auf der schmalen Straße immer geradeaus. Eine steile Abfahrt bringt uns hinab zur Umgehungsstraße von Waging. Wir überqueren die Straße und fahren am Hotel Wölkhamer vorbei zur Wilhelm-Scharnow-Straße, die uns links zum Marktplatz im Herzen von Waging am See führt. Dort biegen wir scharf links in die Bahnhofstraße ein und gelangen nach kurzer Fahrt zu einer Vorfahrtsstraße. Auf ihr radeln wir rechts zurück zum Bahnhof von Waging.

INFO

HIGHLIGHT
Naturparadies

TOURENCHARAKTER
Rundtour auf großteils verkehrsarmen Nebenstraßen oder verkehrsfreien Rad und Wirtschaftswegen

AUSGANGS-/ENDPUNKT
Bahnhof Waging am See

GPS-DATEN
47.9319 N, 12.7274 O

ANFAHRT
Auto: Waging am See ist von der A 8 am besten über die Ausfahrt Siegsdorf/Traunstein, die B 306 und die Staatsstraße 2105 zu erreichen.
Bahn: Von Traunstein führt eine Bahnstrecke nach Waging am See.

WEGVERLAUF
Waging – Tengling (11,5 km) – Kammer (24,5 km) – St. Leonhard (37 km) – Waging Bahnhof (41 km)

RADKARTE
ADFC-Regionalkarte 1:75 000, Blatt Chiemgau

EINKEHR
In Tettenhausen, im Seebad Tengling, in Tengling, Kammer, St. Leonhard am Wonneberg und in Waging am See

Mittel | 41 km | 400 Hm | 3.30 Std.

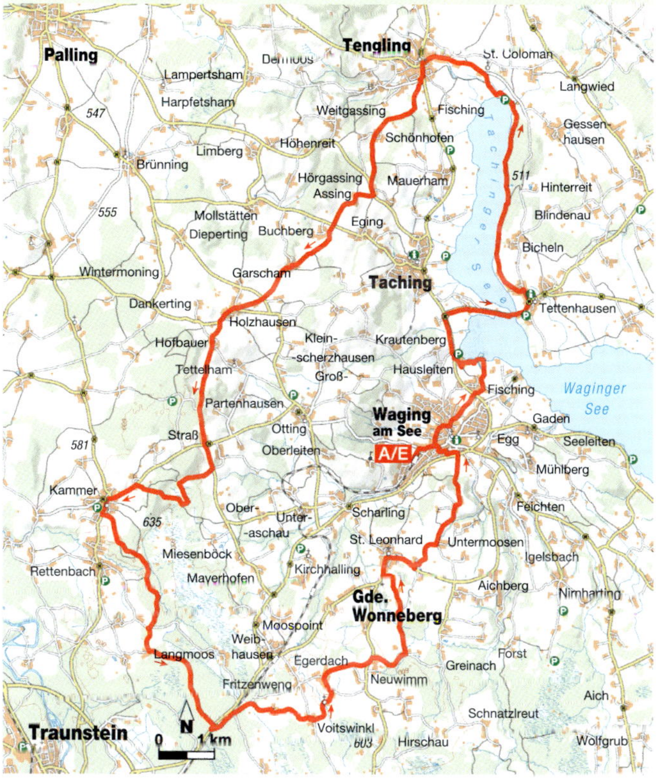

INFORMATION
Touristinfo Waging am See, Tel. 08681/313, www.waging-am-see.de

DURCH DIE CHIEMGAUER ALPEN

An Roter und Weißer Traun

Bei Siegsdorf vereinen sich die beiden Quellflüsse der Traun, die uns einen recht einfachen Weg in die Bergwelt der Chiemgauer Alpen vorgeben. Der Hinweg führt uns entlang der Roten Traun in das weite Wiesenbecken, in dem Inzell liegt. Etwas anstrengender wird der Übergang, der uns auf stillen Wegen über einen Sattel in den beliebten Ferienort Ruhpolding führt. Dort erreichen wir die Weiße Traun, an der entlang es zurück nach Siegsdorf geht, wo zum Abschluss ein Besuch im Mammutmuseum lohnenswert ist.

4

Inmitten der Chiemgauer Berge überqueren wir vor Inzell die Rote Traun.

Die Inzeller feiern am 29. September ihren Kirchenpatron mit einem Michaeliritt.

VON SIEGSDORF NACH INZELL Vom Bahnhof Siegsdorf radeln wir rechts zur Vorfahrtsstraße und auf ihr wenige Meter nach links zur Hauptstraße, der wir nach rechts folgen. Nach kurzer Fahrt biegen wir links in die Marienstraße und an der folgenden Gabelung rechts in die Theresienstraße. Geradeaus gelangen wir zu einem Metallsteg, der uns über die Traun führt, und nach dem Brückchen fahren wir rechts in den schmalen Schwimmbadweg. Er führt unter der Autobahn hindurch zum Siegsdorfer Freibad. Wir überqueren rechts auf einem Metallsteg die Weiße Traun, fahren auf dem folgenden Parkplatz geradeaus und schwenken dann links auf einen Kiesweg. An der Roten Traun entlang geht es unter der B 306 hindurch und dann auf schmaler Teerstraße zu einer Kreuzung. Links gelangen wir zur Vorfahrtsstraße, fahren auf ihr kurz nach rechts und danach in eine Nebenstraße. Sie läuft ein Stück parallel zur Autobahn und führt bald rechts unter der A 8 hindurch. Bei St. Johann stoßen wir auf eine Vorfahrtsstraße, die wir halblinks überqueren. Die Mühlenstraße führt vorbei an der Mühle St. Johann nach Heutau – bis Ruhpolding leitet uns nun der Mozart-Radweg. Vor dem Gasthof Heutau schwenkt unser Weg links auf eine etwas breitere Straße.

Nach 500 Metern folgen wir den Radwegweisern links über die Rote Traun und biegen nach wenigen Metern hinter einer alten Mühle rechts ab auf einen Kiesweg. Er führt uns im Tal der Roten Traun nach Hammer. Geradeaus geht es durch das Dorf und in einer Unterführung unter der B 306 hindurch zu einer Nebenstraße, der wir geradewegs folgen. Nach einem Kilometer biegen wir vor der Traunbrücke links in das nach Inzell ausgeschilderte Sträßchen ein. Nach weiteren zwei Kilometern treffen wir in Wien auf ein Vorfahrtssträßchen, dem wir nach rechts folgen. Nach kurzer Strecke biegen wir vor der Roten Traun links in einen Kiesweg ein, der uns in eine malerische Moorlandschaft führt. Wir radeln bald über das Flüsschen und wechseln nach einem Kilometer auf eine Teerstraße, die uns geradewegs nach Niederachen bringt. Vor der Kirche treffen wir auf eine Vorfahrtsstraße, auf der unser Weiterweg nach rechts führt. Zuvor gönnen wir uns jedoch links einen Abstecher in das knapp einen Kilometer entfernte Inzell mit seinen verlockenden Einkehrmöglichkeiten.

VON INZELL NACH RUHPOLDING Von Inzell radeln wir auf bekannter Strecke zurück nach Niederachen und auf der Hauptstraße durch das Dorf, bis wir rechts auf die Froschseer Straße abbiegen können. Wir mühen uns einen steilen Berg zur Kesselalm hinauf und folgen dort an der Gabelung den Radwegweisern nach links. Bald erreichen wir die Kapelle von Oberhausen, von der der Blick über den kleinen Froschsee zum Rauschbergmassiv geht. Wir biegen hier rechts in ein schmales Sträßchen ein, das nach einem Bauernhof in eine unbefestigte Forststraße übergeht. In einem schattigen Bachtal führt sie uns einige hundert Meter aufwärts, ehe wir, gut geleitet von den Radwegweisern, nach einigen Abfahrten den Ortsrand von Ruhpolding erreichen. Dort setzt wieder Teerbelag ein, und wir erreichen eine Vorfahrtsstraße. Hier fahren wir kurz nach links und dann rechts in eine schmale Teerstraße. Nach 250 Metern geht es rechts über den Bach und auf dem Dammweg am Golfplatz vorbei abwärts. Eine Straße wird überquert, und an einer zweiten biegt der Mozartradweg nach links ab. Wir radeln jedoch geradewegs zum Ufer der Weißen Traun. Der Weg schwenkt nach rechts, und bei erster Gelegenheit überqueren wir auf einem Holzbrückchen den Fluss. Am Westufer halten wir uns rechts und folgen dem Traun-Alz-Radweg flussabwärts. Nach einem Kilometer erreichen wir eine Teerstraße, auf der man links einen Abstecher in das Ortszentrum von Ruhpolding unternehmen kann.

VON RUHPOLDING NACH SIEGSDORF Nach dem Abstecher radeln wir über die Brücke zum rechten Ufer der Weißen Traun

Tipp

SEHENS- UND WISSENSWERTES

In Inzell lohnt die freundlich-fröhliche barocke Pfarrkirche einen Besuch. Die auf einem Hügel über dem Ort gelegene barocke Pfarrkirche von Ruhpolding glänzt mit prachtvoller Rokokoausstattung, einem gotischen Kruzifix von 1420 und der berühmten romanischen Madonna von Ruhpolding aus dem 12. Jahrhundert im rechten Seitenaltar. Im ehemaligen herzoglichen Jagdschloss findet man das interessante Bartholomäus-Schmucker-Heimatmuseum, geöffnet Di bis Fr 10–12 Uhr. In Siegsdorf führen die Exponate des Naturkunde- und Mammutmuseums in die Vor- und Frühgeschichte.

↑ Inzell liegt in einer weiten Talmulde am Fuß des Zwiesels.
→ Mit ihrem blühenden Blumenschmuck sind die Bauernhöfe doppelt schön.
↓ An der Kirche von Inzell gönnen wir uns eine Pause.

Bergidylle an der Kapelle von Oberhausen mit Froschsee und Rauschberg

Tipp

DAS NATURKUNDE- UND MAMMUTMUSEUM IN SIEGSDORF

Das größte und vollständigste in Europa entdeckte Skelett eines Wollhaarmammuts wurde in der Nähe von Siegsdorf gefunden. Das Tier lebte vor 47 000 Jahren und hatte eine Schulterhöhe von 3,60 Metern. Gemeinsam mit den Knochen weiterer Urzeittiere wie Höhlenlöwe und Riesenhirsch, auf die man bei den Grabungen stieß, bildet es den Mittelpunkt des Museums. Weitere Exponate führen die Besucher noch tiefer in die 250 Millionen Jahre alte geologische Geschichte des Chiemgaus. Geöffnet von Ostern bis Allerheiligen täglich von 10–18 Uhr.

und biegen dort links in einen schönen Kiesweg ein, der uns zwischen dem Fluss und einem Kanal flussabwärts führt. Nach gut einem Kilometer erreichen wir im Wald eine Wegkreuzung, an der wir rechts, dem Wanderwegweiser Richtung Zinnkopf, Infangtal folgend, auf einer Betonbrücke den Kanal überqueren. Nach 100 Metern fahren wir links auf eine breite Straße ab und mühen uns auf dem Radweg einen 600 Meter langen Berg hinauf.
Auf schmalerer Straße radeln wir anschließend geradewegs über die Wiesen ins nahe Untermiesenbach. Vor dem letzten Hof halten wir uns an der Gabelung links und lassen die Räder auf schmalem Sträßchen mühelos abwärtsrollen. Im Wald wechseln wir rechts auf die mit Radwegweisern ausgeschilderte Kiesstraße und fahren vorsichtig den steilen Berg zur Weißen Traun hinab. Im Auf und

Ab radeln wir zu den Wiesen von Hörgering und folgen geradeaus dem Weg, der uns links am Dorf entlang zu einer Querstraße führt. Auf ihr geht es nach links und bald auf der Bergstraße abwärts nach Eisenärzt. Wir radeln auf der Hauptstraße ca. 150 Meter nach rechts und biegen kurz vor dem Ortsende nach links ab, überqueren auf einem malerischen überdachten Brückchen die Weiße Traun und biegen anschließend rechts in den Salinenweg ab. Am Fluss entlang fahren wir bis zur nächsten Querstraße, dort schwenken wir kurz nach links und nach der Bahnlinie dann nach rechts. Nach kurzer Fahrt wechseln wir auf einen Kiesweg, der dem Flusstal folgt.

Am Ortsrand von Siegsdorf erreichen wir eine Querstraße, radeln rechts über den Fluss und biegen nach der Brücke wieder links ab auf einen Kiesweg. Wir treffen bald auf die viel befahrene Staatsstraße, fahren wenige Meter nach links und biegen dann rechts in die Bahnhofstraße ein, die uns zum Bahnhof Siegsdorf zurückbringt.

INFO

HIGHLIGHT
Naturparadies

TOURENCHARAKTER
Rundtour auf wenig befahrenen Nebenstraßen und verkehrsfreien Rad- und Wirtschaftswegen

AUSGANGS-/ENDPUNKT
Bahnhof Siegsdorf

GPS-DATEN
47.8208 N, 12.6467 O

ANFAHRT
Auto: Von der A 8 über die Ausfahrten Schweinbach oder Traunstein/Siegsdorf nach Siegsdorf.
Bahn: Siegsdorf liegt an der Bahnlinie Traunstein–Ruhpolding.

WEGVERLAUF
Siegsdorf – Inzell (13 km) – Ruhpolding (23,5 km) – Siegsdorf (33 km)

RADKARTE
ADFC-Regionalkarte 1:75 000, Blatt Chiemgau

EINKEHR
Heutau, Hammer, Inzell, Kesselalm, in Ruhpolding und Siegsdorf

INFORMATION
Touristinfo Siegsdorf, Tel. 08662/49 87 45, www.siegsdorf.de

Schwer | 33 km | 300 Hm | 3.00 Std.

Ein altehrwürdiger Gasthof im Ortszentrum von Marquartstein

5

ZWISCHEN BAYERISCHEM MEER UND DEN BERGEN

An der Tiroler Ache

Wie ein weites Tor öffnet südlich des Chiemsees das Tal der Tiroler Ache den Weg in die Alpen. In der Eiszeit zwängte sich durch diese Spalte der Gletscher, der das große Chiemseebecken modellierte. Unsere Tour führt uns über die Schotterflächen und ausgedehnten Moore des verlandeten Südteils des Sees in das Achental, durch das einstmals ein wichtiger Handelsweg verlief. Im Mittelalter beherrschte die Burg von Marquartstein diese Route, und in der Streichenkirche beteten die Händler und Säumer für einen gefahrlosen Weg.

VON ÜBERSEE NACH MARQUARTSTEIN

Vor dem Bahnhof Übersee halten wir uns links und radeln auf dem Radweg an der Hauptstraße entlang. Nach einem Kilometer treffen wir auf eine Vorfahrtsstraße und folgen dem Radweg nach links. Nach 300 Metern überqueren wir die Hauptstraße und radeln auf einem schmalen Sträßchen durch Obermoosen. Nach 250 Metern führt uns der Wegweiser des Achental-Radweges rechts auf einen Kiesweg, der uns zu einem Querweg bringt. Hier geht es nach links und bald hinauf zum Dammweg an der Tiroler Ache, dem wir nach rechts folgen. Wir erreichen eine schmale Teerstraße, überqueren links den Fluss und fahren dann rechts auf einen Wirtschaftsweg, der bald wieder als Dammweg an der Tiroler Ache entlangläuft. Kiesbänke laden hier zu einer Rast am Fluss ein. Bald lassen wir den ausgeschilderten Abzweig nach links unbeachtet und folgen

Tipp

DIE STREICHENKIRCHE

Als gotisches Gesamtkunstwerk präsentiert sich die Wallfahrtskapelle St. Servatius, die unter dem Namen Streichenkirche bekannt ist. Sie lag an der alten Handelsstraße, die das enge Durchbruchstal der Tiroler Ache umging. Das Langhaus wurde im 13. Jahrhundert erbaut, der Chor im 15. Jahrhundert, und die Fresken entstanden zwischen 1450 (Langhaus) und 1510 (Chor). Der prächtige gotische Hauptaltar wurde um 1520 geschaffen. Der fein bemalte gotische Kastenaltar an der linken Seite enthält eine um 1400 geschnitzte Figur des Kirchenpatrons. Nach der Besichtigung kann man im Berggasthof Streichen, der nahe der Kapelle im alten Mesnerhof untergebracht ist, eine aussichtsreiche Rast genießen (Mo Ruhetag).

Unterhalb der Streichenkirche kann man im historischen Mesnerhof einkehren.

weiterhin dem Dammweg, bis wir am Ortsrand von Staudach auf eine Teerstraße wechseln. Kurz darauf erreichen wir an der Achenbrücke eine Vorfahrtsstraße, die wir überqueren. Weiter geht es auf dem Dammweg, und bald ragt vor uns die Burg von Marquartstein auf. Schnell sind nun die ersten Häuser von Marquartstein erreicht, der Dammweg endet, und wir lassen die Räder zu einer nahen Straße hinunterrollen. Nach kurzer Fahrt erreichen wir die Hauptstraße, die uns geradewegs durch Marquartstein führt.

VON MARQUARTSTEIN ZUR STREICHENKIRCHE Wir folgen der Vorfahrtsstraße durch Marquartstein und dann weiter bis kurz vor die Einmündung in die B 305. Der Radwegweiser Achental leitet uns hier rechts auf einen schmalen Weg, der unter der Bundesstraße hindurchführt. Vor der Tiroler Ache radeln wir links über eine Brücke und am Fluss entlang, bis wir nach dem Brückchen über den Wössener Bach eine Wegkreuzung erreichen. Hier kann man rechts auf die einfache Kurzvariante wechseln. Wir biegen jedoch nach dem Brückchen links ab und radeln am Bach entlang nach Unterwössen. Dort stoßen wir auf die B 305, folgen ihr kurz nach rechts und biegen dann rechts in die Alte Dorfstraße. Wir folgen ihr links und biegen dann am Ortsrand rechts in den Streichenweg ein. Wir radeln am Segelfluggelände vorbei und folgen danach dem breiten Hauptweg bis zu einem Hof, hinter dem der Anstieg nach Achberg beginnt. Auf der Kiesstraße geht es teils recht steil aufwärts, und bald liegt die Tiroler Ache tief unter uns. Nach gut einem Kilometer endet auf den Wiesen von Vorderachberg

↓ Auf einem Bergkamm steht die gotische Streichenkirche.
↘ Das Museum im ehemaligen Torfbahnhof am Rand der Kendlmühlfilze

der kraftraubende Anstieg. Das kalte Wasser eines Holzbrunnens bietet eine willkommene Erfrischung. Auf schmaler Teerstraße radeln wir nun ohne weitere Mühen über Achberg zu einer Straßenkreuzung. Wer noch genug Kraft hat, der sollte sich den Abstecher links hinauf zur Streichenkirche nicht entgehen lassen. Der nochmals recht anstrengende Anstieg lohnt sich doppelt, denn neben der herrlich gelegenen Kirche lockt eine gemütliche Brotzeit im Berggasthof Streichen.

VON DER STREICHENKIRCHE NACH PIESENHAUSEN Ab der Streichenkirche lassen wir die Räder auf der Kiesstraße wieder zur Kreuzung bei Achberg hinabrollen und genießen die rasante Abfahrt ins Tal der Tiroler Ache. Dort treffen wir auf die B 307, der wir rechts über den nahen Fluss folgen. Wenige Meter hinter der Brücke biegen wir rechts auf den Dammweg ab. Gut zwei Kilometer darauf erreichen wir nach einem Brückchen vor einem bewaldeten Hügel eine Wegkreuzung. Wir halten uns links und radeln geradeaus bis kurz vor die B 307. Hier folgen wir den Radwegweisern rechts auf einen schmalen, etwas holprigen Waldweg. Nach und nach wird der Weg besser und breiter und nach zweieinhalb Kilometern stoßen wir auf einen Querweg. Die Radwegweiser Achental weisen nach rechts, wir folgen aber der Wanderwegweisung Richtung Raiten nach links. Nach kurzer Fahrt überqueren wir die B 307 und radeln durch Raiten. Nach dem Gasthof Post biegen wir links in die Weitwiesstraße ein und folgen ihr, bis sie am Ortsrand an einer Querstraße endet. Auf dieser gelangen wir rechts zur Kreisstraße, der wir links ins nahe Süssen folgen. Hier fahren wir nicht auf der Hauptstraße nach links, sondern geradeaus durch den Weiler auf einen Kiesweg. Nach einer Kapelle biegen wir an der Weggabelung links ab und radeln auf teils schmalem Weglein nach Vogllug. Wir stoßen wieder auf die Kreisstraße, folgen ihr nach rechts und wechseln nach 400 Metern an einem Rechtsknick auf einen Forstweg. Auf dem Hauptweg geht es durch den Wald und dann abwarts nach Piesenhausen. Geradewegs radeln wir durch den Ort, bis wir auf die vorfahrtberechtigte Dorfstraße treffen. Auf dieser fahren wir nach links und biegen dann am beliebten Restaurant Poseidon im Landgasthof Hochplatte rechts auf die Aschafeldstraße ab.

VON PIESENHAUSEN NACH ÜBERSEE
Wir radeln über die Wiesen bis zu einer

Tipp

SEHENS- UND WISSENSWERTES

Die mittelalterliche Burg von Marquartstein ist in Privatbesitz und kann nicht besichtigt werden. In Unterwössen glänzt die im 18. Jahrhundert erbaute Pfarrkirche mit einer hübschen Barockausstattung. Ein kurzer Abstecher führt zum Klaushäusl, der einzigen erhaltenen Pumpstation der 107 Kilometer langen Soleleitung von Berchtesgaden nach Rosenheim. Hier befindet sich das Museum Salz&Moor. Zu besichtigen sind die historische Pumpanlage und ein Moormuseum, geöffnet 1. Mai bis Ende Oktober Di bis So 11–17 Uhr. Das Moor- und Torfmuseum In der Kendlmühlfilzen ist an Samstagen geöffnet von März bis November und von August bis Mitte September auch am Sonntag. Die Besichtigung des Industriedenkmals Torfbahnhof inklusive einer Fahrt mit der Feldbahn ist nur im Rahmen einer Führung an den oben angegebenen Tagen um 11 Uhr, 14 Uhr und 16 Uhr möglich.

Der Innenraum der Streichenkirche ist mit herrlichen Fresken, Wandmalereien und Altären ausgestattet.

Weggabelung vor den Höfen von Grassau-Oberdorf. Hier halten wir uns links zur nahen B 305, fahren 50 Meter auf dem Radweg nach links und dann über die Bundesstraße in eine schmale Teerstraße. Geradewegs radeln wir bis zu einem Reiterhof, den wir links auf schmalem Weg umfahren. An der nächsten Kreuzung geht es auf dem Kiessträßchen nach links, bald auf schmaler Teerstraße wieder nach links und bei nächster Gelegenheit rechts auf einen Kiesweg. Nun fahren wir immer geradeaus auf dem Moorlehrpfad Richtung Rottau. Auf halbem Weg kann man links einen Abstecher zum Salinenmuseum im Klaushäusl machen. Kurz vor Rottau erreichen wir nach einem Brückchen eine Wegkreuzung und biegen rechts in einen Feldweg ein, der uns im Bogen um Rottau herum zu einer schmalen Teerstraße führt. Auf ihr geht es nach rechts und vorbei an den Kendlmühlfilzen zum Moor- und Torfmuseum im alten Torfbahnhof. Vor dem Museum fahren wir rechts auf die Kiesstraße und folgen nach einem Kilometer dem breiten Weg nach links. Nach einem kurzen Anstieg erreichen wir das verwahrloste Gut Wessen.

An der Wegkreuzung fahren wir geradeaus und auf dem Bergrücken, der vom Westerbuchberg nach Westen streicht, bis zu einem Teersträßchen. Hier biegen wir nach links ab und radeln nach einer Abfahrt am Nordfuß des Westerbuchberges geradeaus nach Übersee. Wir treffen auf eine Vorfahrtsstraße, fahren kurz nach rechts und biegen vor der Kirche rechts in die Dorfstraße ein.

Auf ihr geht es geradeaus bis zur Hauptstraße, links bis vor die Bahnunterführung und rechts über den Kreisverkehr zurück zum nahen Bahnhof Übersee.

VARIANTE DURCHS ACHENTAL Wer eine einfache Kurzvariante befahren will, auf der man alle anstrengenden Anstiege vermeidet, der hält sich an der Wegkreuzung nach dem Wössener Bach rechts. Nun folgt man weiterhin dem Lauf der Tiroler Ache, bis man am Ortsrand von Unterwössen auf eine Vorfahrtsstraße stößt. Auf ihr geht es zunächst rechts über den Fluss und anschließend geradeaus nach Raiten, dort kurz nach links und noch vor dem Gasthof Post rechts in die Weitwiesstraße, auf der man wieder auf den beschriebenen Weg trifft.

INFO

HIGHLIGHT
Sehenswürdigkeit

TOURENCHARAKTER
Rundtour meist auf verkehrsfreien Rad- und Wirtschaftswegen, kürzere Abschnitte auf verkehrsarmen Nebenstraßen, nur auf der Ortsdurchfahrt von Marquartstein ist mit mäßigem Verkehr zu rechnen.

AUSGANGS-/ENDPUNKT
Bahnhof Übersee

GPS-DATEN
47.8219 N, 12.4873 O

ANFAHRT
Auto: Von der Ausfahrt Übersee an der A 8 in zwei Kilometern zum Bahnhof Übersee.
Bahn: Der Bahnhof Übersee liegt an der Bahnlinie München–Salzburg.

WEGVERLAUF
Übersee – Marquartstein (10,5 km) – Raiten (15,5 km) – Piesenhausen (20 km) – Übersee (34 km) oder Übersee – Marquartstein (10,5 km) – Streichenkirche (20 km) – Raiten (28,5 km) – Piesenhausen (33 km) – Übersee (47 km)

RADKARTE
ADFC-Regionalkarte 1:75 000, Blatt Chiemgau

Schwer | 47 km | 400 Hm | 4.00 Std.

EINKEHR
In Marquartstein, am Segelflugplatz Unterwössen, an der Streichenkirche, in Raiten, Piesenhofen

INFORMATION
Touristinfo Übersee, Tel. 08642/295, www.uebersee.com

NATUR UND KULTUR AN DER ALZ

Von Altenmarkt zur Nordspitze des Chiemsees

Über die Jahrtausende zog diese beschauliche Landschaft an der Alz die Menschen an. In Stöffling erinnert ein rekonstruiertes Gehöft an die Kelten, und im nahen Seebruck bewachte das römische Bedaium die Alzbrücke. Wie so oft haben sich die mittelalterlichen Mönche auch in Seeon einen landschaftlichen Glanzpunkt für ihr Kloster ausgewählt. Immer wieder grüßen am Wegesrand die modernen Großskulpturen von Heinrich Richter, und zum Abschluss bringt uns die kleine Alzfähre zurück zum altehrwürdigen Kloster Baumburg.

Auf dem Seeoner See spiegeln sich die romanischen Türme der Klosterkirche.

6

VON ALTENMARKT NACH SEEBRUCK

Vom Bahnhof Altenmarkt radeln wir zur nahen B 304, die schräg nach rechts überquert wird. Auf der Baumburger Straße mühen wir uns, vorbei am Klosterparkplatz, über einen steilen Berg hinauf zum Kloster Baumburg. Links kann man durch einen Torbogen einen Abstecher auf den Klosterhof machen. Das gemütliche Klosterbräustüberl lockt hier zu einem Zwischenstopp. Der Weiterweg führt aber geradewegs an der Klostermauer und dann am oberen Rand des Talhanges entlang. Weit entfernt ragen das breite Watzmannmassiv und die Felsspitze des Hochkalter in den Himmel. Und bald schweift der Blick über das Alztal zu den Felswänden, die über Schloss Stein aufragen. Dort versteckt sich unter der Höhenburg die Höhlenburg, die im Mittelalter dem grausamen Raubritter Heinz von Stein als Unterschlupf diente. Der Teerbelag endet, und auf einem Wirtschaftsweg radeln wir weiter bis zur Landstraße. Auf ihr gelangen wir rechts ins nahe Offling und kurz vor dem Ortsende rechts abwärts ins Tal der Alz. An der Kreuzung in Niesgau halten wir uns links und radeln auf dem schmalen Sträßchen an der Alz entlang. Nach zwei Kilometern erreichen wir wieder die Landstraße, fahren 150 Meter nach rechts und biegen danach links in eine schmale Nebenstraße ein. Auf der Kiesstraße geht es weiter zu einer Vorfahrtsstraße, die überquert wird. An der Kreuzung in Ebering halten wir uns rechts und erreichen auf einem zum Ende hin unbefestigten Weg die zweispurige Kreisstraße. Rechts abwärts sind wir schnell an der Landstraße, die nach links überquert wird. Nun radeln wir auf schmaler Straße sanft aufwärts nach Stöffling. Kurz nach dem keltischen Gutshof erreichen wir vor den ersten Höfen eine Kreuzung, an der wir uns rechts halten. Auf Teersträßchen fahren wir durch den Weiler und dann auf einem Kiesweg, der nach und nach schmaler wird, durch die Auwälder an der Alz nach Seebruck. Am Ortsrand treffen wir auf eine

Tipp

SEHENS- UND WISSENSWERTES

Die mächtige Klosterkirche des Anfang des 11. Jahrhunderts gegründeten Augustinerchorherrenstiftes im Kloster Baumburg wurde 1750 unter Einbeziehung der romanischen Türme neu erbaut und besticht durch ihre hochwertige Rokokoausstattung. Der kleine Weiler Stöffling, in dem ein rekonstruierter keltischer Gutshof in die Zeit vor über 2000 Jahren zurückführt, ist ein wichtiger keltischer Fundplatz. In römischer Zeit führte die Via Julia, die Augsburg mit Salzburg verband, beim heutigen Seebruck über die Alz. An diesem wichtigen Übergang entstanden die römische Siedlung und das Kastell Bedaium. Heute werden im Römermuseum Bedaium Funde von der Steinzeit bis in die bajuwarische Zeit gezeigt, mit dem Schwerpunkt auf der römischen Epoche. Geöffnet Juni bis Mitte September Di bis Sa 10–16 Uhr, So 13–16 Uhr, Mitte Februar bis Mai und Mitte September bis Mitte November Di bis Sa 10–12 Uhr und 14–16 Uhr, So 14–16 Uhr. In der benachbarten Heinrich Kirchner Galerie kann man Werke des berühmten Bildhauers bewundern, der in Pavolding lebte und auf dessen Werke man auf der gesamten Rundtour trifft. Das im Jahre 994 auf einer Insel im Klostersee gegründete Kloster Seeon war einst Zentrum der Buchmalerei. Die wuchtigen Türme der Klosterkirche St. Lambert sind romanisch. Im 15. Jahrhundert wurde das Kirchenschiff mit wundervollem Netzgewölbe gotisch umgestaltet, die feine Ausmalung entstand im 16. und 17. Jahrhundert.

Beim Gasthof Roiter bringt uns die kleine Fähre sicher über die Alz.

Tipp

DIE ALZFÄHRE AM GASTHOF ROITER

Etwas ganz Besonderes ist für jeden Radler die kleine Alzfähre, mit deren Hilfe man kurz vor Ende der Tour den rauschenden Fluss überquert. Der Fährbetrieb richtet sich nach den Öffnungszeiten des Gasthofs Roiter, in dem man auch eine weltabgeschiedene Einkehr findet. Montag und Dienstag ist Ruhetag, also auch kein Fährbetrieb! Man sollte gerade mit schweren E-Bikes bedenken, dass das Rad ins Boot gehoben werden muss. Es gibt keine feste Gebühren, aber einige Euro Trinkgeld sind je nach Größe der Gruppe sicherlich nicht zu wenig. Betriebszeiten halbstündlich oder je nach Bedarf Mi bis Fr 12–21 Uhr, Sa und So 11–21 Uhr.

Querstraße, auf der wir rechts zur Hauptstraße fahren. Auf ihr geht es kurz nach rechts und nach der Brücke über die Alz links in die Römerstraße.

VON SEEBRUCK ZUM KLOSTER SEEON

Wir radeln vorbei am Römermuseum Bedaium auf der wenig befahrenen Straße durch Seebruck. Am Ortsrand geht die Straße in einen Radweg über und führt dann an der Landstraße entlang zu einer Wegkreuzung. Hier fahren wir rechts über die Straße und sanft aufwärts nach Burgham. An der kleinen Kapelle lohnt sich ein kurzer Zwischenstopp, um den herrlichen Blick über den Chiemsee auf die Berge zu genießen. An der Kreuzung im Weiler knickt unser Sträßchen nach rechts und wenig später biegen wir links in einen Feldweg ein, der uns zur Landstraße führt. Auf ihr radeln wir nach links und nach 300 Metern links in das nach Grafenanger ausgeschilderte Kiessträß-

↑ In Stöffling kann man einen rekonstruierten keltischen Gutshof besichtigen.
↘ Die Keltenhäuser in Stöffling erinnern ein wenig an bayerische Almhütten.
↓ Auf der ganzen Tour begegnet man Werken von Heinrich Kirchner.

Die Kirche im Kloster Baumburg überrascht mit reicher Rokokoausstattung.

chen. Nach 900 Metern fahren wir an einer Weggabelung im Wald rechts Richtung Seeon und anschließend auf dem Hauptweg nach Roitham – bis Seeon leiten uns nun die Schilder von Benedikt- und Mozart-Radweg. Nach der alten Kunstmühle mühen wir uns einen kurzen, steilen Berg hoch zur Mühlenkapelle. Hier fahren wir auf der Querstraße nach links und bald auf einem Radweg in das nahe Pavolding. Wir radeln auf der Hauptstraße durch den Ort und folgen an einer Linkskurve den Radwegweisern rechts in ein schmales Sträßchen. An einer nahen Gabelung halten wir uns rechts und radeln durch das Naturschutzgebiet Bansee geradeaus zur Landstraße, die wir südlich von Seeon erreichen. Jenseits beginnt ein Radweg, der uns rechts bis zum Parkplatz am Kloster Seeon bringt. Wir biegen rechts in den Klosterweg ein und radeln am Friedhofskirchlein vorbei zum Kloster mit der markanten Kirche.

VON SEEON NACH ALTENMARKT Die Radwegweiser leiten uns vom Kloster Seeon links um die Klosterkirche zu einem Steg, der uns über den See führt. Jenseits geht es kurz bergauf und hinter einer kleinen Kirche auf dem Teersträßchen nach rechts. Wir halten uns stets rechts und radeln auf der Weinbergstraße ins Zentrum von Seeon. Kurz nach dem Rathaus treffen wir auf eine Vorfahrtsstraße, der wir nach links folgen. Nach 150 Metern biegen wir rechts in die Truchtlachinger Straße ein. An der Kreuzung vor dem Schulzentrum folgen wir nicht der Beschilderung der Radfernwege nach rechts, sondern fahren links zur Kreisstraße, die überquert wird. Auf einem Kiesweg, von dem man einen herrlich weiten Bergblick bis hin zum Watzmann hat, radeln wir zu einer Straßenkreuzung. An dieser Stelle geht es geradeaus abwärts ins Tal der Alz und nach der Höllthal-Mühle aufwärts zu einer Kreuzung. Wir radeln geradeaus und erreichen nach gut einem Kilometer eine Querstraße, der wir rechts zum Gasthof Roiter folgen. Vom Gasthof führt eine überwachsene Wegspur zur nahen Alzfähre. Jenseits geht es kurz die Treppe hoch zu einem Feldweg und auf ihm nach links zu einer Teerstraße. Wir folgen ihr rechts bis zu einer Querstraße, auf die wir am Friedhof von Altenmarkt treffen. Rechts bergauf kann man den nahen Parkplatz von Kloster Baumburg erreichen. Wir halten uns jedoch links und folgen der Laufenauer Straße, bis wir in Altenmarkt auf die B 304 treffen. Auf ihr fahren wir 100 Meter nach rechts und gelangen anschließend links zurück zum nahen Bahnhof Altenmarkt.

INFO

HIGHLIGHT
Sehenswürdigkeit

TOURENCHARAKTER
Rundtour auf meist verkehrsarmen Nebenstraßen und verkehrsfreien Wegen, nur zwischen Kloster Baumburg und Seebruck sind drei kurze Abschnitte etwas stärker befahren.

AUSGANGS-/ENDPUNKT
Bahnhof Altenmarkt

GPS-DATEN
48.0000 N, 12.5359 O

ANFAHRT
Auto: Altenmarkt liegt nördlich des Chiemsees an der Kreuzung von B 304 und B 299 und ist von der A 8 über die Ausfahrt Traunstein/Siegsdorf zu erreichen.
Bahn: Altenmarkt liegt an der nur wenig befahrenen Bahnstrecke zwischen Mühldorf und Traunstein.

WEGVERLAUF
Altenmarkt – Seebruck (12,5 km) – Kloster Seeon (22 km) – Altenmarkt (32 km)

RADKARTE
ADFC-Regionalkarte 1:75 000, Blatt Chiemgau

EINKEHR
Im Kloster Baumburg, in Seebruck, Pavolding, im Kloster Seeon, in Seeon, an der Alzfähre und in Altenmarkt

Mittel | 32 km | 220 Hm | 2.30 Std.

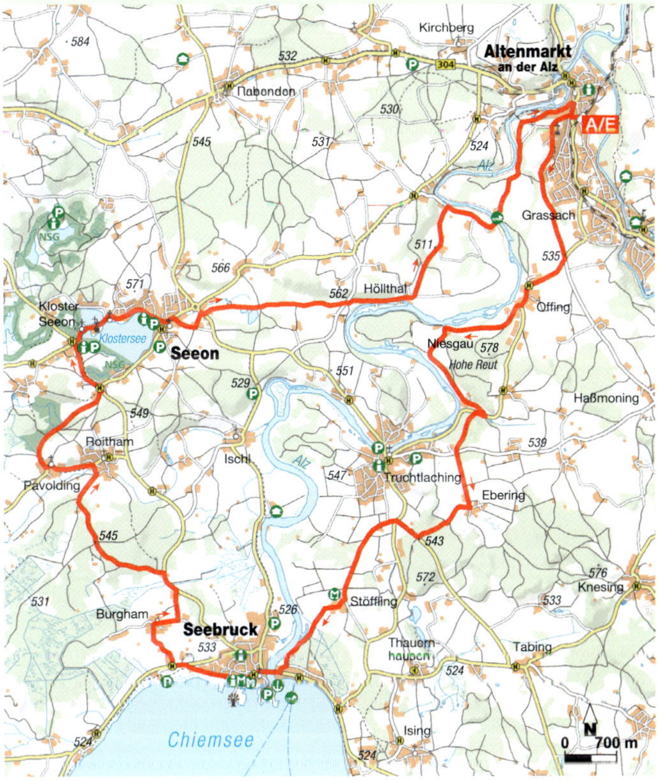

INFORMATION
Touristinfo Seeon-Seebruck, Tel. 08667/71 39, www.seeon-seebruck.de; Fährbetrieb Alzfähre, Tel. 08621/7387, www.gasthaus-roiter.de

Der Hartsee bei Eggstätt lockt mit herrlichen Badestellen.

7

BADESEE MIT ALPENBLICK

Rund um Bad Endorf

Nordwestlich des Chiemsees verzahnten sich während der Eiszeit die Eiszungen des Inn- und des Chiemseegletschers. Nach ihrem Rückzug hinterließen sie ein bewegtes Seen- und Hügelland, das dem Radler einige Schweißtropfen abverlangt.
Zur Belohnung bieten die Moränenhügel grenzenlose Ausblicke auf den Alpenbogen. In den Mulden und Becken, die nach der Eisschmelze zurückblieben, verstecken sich heute zahllose kleine und große Seen.

VON BAD ENDORF ZUM RINSSEE Vor dem Bahnhof Bad Endorf radeln wir entlang der Hauptstraße nach links und finden dann links eine Unterführung, die uns auf die Südseite der Gleise bringt. Dort fahren wir nach rechts und folgen am Ende der Straße dem Radwegweiser auf einen Kiesweg, der uns zu einer schmalen Straße bringt. Wir radeln kurz rechts zu einer Vorfahrtsstraße, auf ihr wieder nach rechts und bei nächster Gelegenheit rechts unter der Bahnlinie hindurch. Wir folgen der Friedhofstraße, biegen am Ende des Friedhofgeländes nach links und an der nächsten Wegkreuzung nach rechts. Nach einer kurzen Abfahrt geht es geradewegs über die viel befahrene Hauptstraße und dann links auf dem Wendelsteinweg über eine alte Bahnlinie und kurz steil aufwärts zum Ortsrand von Bad Endorf. Eine Kiesstraße bringt uns zu einer nahen Vorfahrtsstraße, der wir nach links folgen.

Tipp

SEHENS- UND WISSENSWERTES

Der Ort Bad Endorf wurde im 10. Jahrhundert erstmals urkundlich erwähnt. Bei einer Ölbohrung stieß man auf die stärkste Jod-Thermalsole-Quelle in Europa, die heute die Badelandschaften der Chiemgau Thermen speist (www.chiemgau-thermen.de). Das 1790 gegründete Volkstheater Bad Endorf, das seit 1867 im eigenen Theater spielt, bringt neben religiösen auch volkstümliche Stücke zur Aufführung, siehe auch unter www.volkstheater-bad-endorf.de.

Wir radeln bald abwärts durch Landing und biegen dann nach eineinhalb Kilometern links in eine schmale Nebenstraße, auf der wir über einen anstrengenden Anstieg zu

Schon nach kurzer Fahrt öffnet sich der Blick zu den Chiemgauer Bergen.

Die Tour führt uns durch blumenreiche Wiesen.

den wenigen Höfen von Patersdorf hinaufgelangen. Teils unbefestigt führt uns das Sträßchen über Hafendorf abwärts zu einer Querstraße. Auf ihr fahren wir rechts aufwärts in das nahe Schwabering und auf der Hauptstraße durch das Dorf. Auf einem aussichtsreichen Hügelkamm radeln wir zu einer Querstraße, die uns vorbei am malerischen Moorgebiet, das den Siferlinger See einfasst, zur breiten Landstraße führt. Jenseits folgen wir dem Radweg kurz nach rechts und biegen dann links in das Sträßchen ein, das uns zur nahen Badestelle am Rinssee bringt.

VOM RINSSEE ZUM HARTSEE Wir radeln zurück zur Landstraße und auf dem Radweg links aufwärts. Nach 400 Metern biegen wir rechts ab über die Straße Richtung Stucksdorf. Auf der Kiesstraße nach Stucksdorf und dann auf dem Teersträßchen geht es geradeaus zu einer Vorfahrtsstraße. Auf ihr fahren wir nach links und vorbei am Sportplatz von Söchtenau. Am Ortsrand von Söchtenau folgen wir den Wegweisern des Radweges Via Julia, die uns auf den nächsten Kilometern leiten werden, rechts auf einen Kiesweg. Auf dem Hauptweg gelangen wir durch den Wald und nach knapp einem Kilometer an einer Gabelung links Richtung Rundorf.

Wir radeln durch ein aufgeforstetes Moorgebiet zu einer Kreuzung auf einer Wiese, an der unser Weg nach links schwenkt. Nach 500 Metern auf einem Tersträßchen biegen wir links ab und kommen bald geradewegs vorbei an Rundorf und über einen sanften Hügel nach Mühldorf. Dort radeln wir auf der Landstraße nach rechts und biegen nach 250 Metern rechts in eine schmale Teerstraße ein, die dem ehemaligen Verlauf der Römerstraße Via Julia folgt. Kurz radeln wir bergauf und an den folgenden Kreuzungen immer geradeaus, bis wir an einer Schautafel zur Geschichte der Römer

Tipp

DIE EGGSTÄTT-HEMHOFER-SEENPLATTE

Diese sogenannte Eiszerfallslandschaft, eine der bedeutendsten in Bayern, ist am Ende der letzten Eiszeit durch den Rückzug der Gletscher entstanden. Vom Hauptstrom abgetrennte Gletscherreste wurden vom Schmelzwasser mit Geröll bedeckt und hinterließen nach ihrem langsamen Abschmelzen tiefe Mulden, die man Toteislöcher nennt. In ihnen liegen heute die 17 großen und kleinen Seen, die eine Gesamtfläche von 3,5 Quadratkilometern aufweisen. 1939 wurde hier das erste Naturschutzgebiet Bayerns eingerichtet, um die einzigartige und teils vom Aussterben bedrohte Flora und Fauna zu bewahren.

Vom Dorfhügel aus beherrscht die Barockkirche von Höslwang das Umland.

im Gebiet von Halfing auf eine Querstraße treffen. Auf ihr geht es nach rechts, über die Bahnlinie und am Radweg vor der Landstraße wieder nach rechts. Vor einigen Häusern schwenkt der Radweg rechts von der Straße weg und führt uns entlang der Bahnlinie zu einem Abzweig. Wir biegen nach links ab, überqueren die Landstraße und radeln rechts über einen Parkplatz zu einer Nebenstraße. Auf ihr fahren wir links aufwärts und nach 400 Metern rechts in eine Nebenstraße. An der Kreuzung nach Edenstraß wechseln wir auf eine Kiesstraße, die uns nach einem Kilometer zu einer Teerstraße bringt.

Rechts liegt auf einem Hügel Teisenham, das wir auf dem Rückweg passieren. Hier verlassen wir die Via Julia, biegen nach links ab und radeln in sanftem Auf und Ab nach Almertsham. Wir biegen rechts in die Kreisstraße und nach kurzer Fahrt rechts in eine Nebenstraße ein. In Zunham gelangen wir rechts auf einen mit Wanderwegweisern nach Gachensolden ausgeschilderten Wirtschaftsweg. Im Norden ragt auf dem Dorfhügel von Höslwang die barocke Kirche in den blauen Himmel, und am südlichen Horizont dehnt sich der Alpenbogen bis zu den Berchtesgadener Hochgipfeln. Wir treffen auf die Kreisstraße, auf der wir rechts ins nahe Gachensolden radeln. Hier biegen wir links in das nach Eggstätt ausgeschilderte Sträßchen ein. Bald kommen wir auf dem Radweg zu einer Vorfahrtsstraße, die überquert wird. Auf der Kiesstraße geht es weiter zu einer Weggabelung an einem Bauernhof und dort auf dem Wirtschaftsweg nach rechts. Vor einem Wäldchen folgen wir dem besseren Weg nach links und erreichen am Weißbräu in Bachham eine Kreuzung, an der wir uns

Am Badeplatz von Eggstätt spiegelt sich der Abendhimmel im Hartsee.

rechts halten. Nach 500 Metern treffen wir auf eine Vorfahrtsstraße und folgen dem Radweg rechts bis zur Hauptstraße. Wir überqueren die viel befahrene Straße und folgen jenseits dem Radweg nach links. Der schmale Weg schwenkt nach kurzer Fahrt rechts von der Straße weg und führt uns nahe dem Ufer des Hartsees zum herrlichen Badeplatz von Eggstätt und zum Hartsee-Stüberl.

VOM HARTSEEE NACH BAD ENDORF

Von der Badestelle am Hartsee folgen wir dem teils recht schmalen, mit Wander- und Radwegweisern ausgeschilderten Hartseerundweg. Nach gut einem Kilometer geht es neben einigen Stufen wenige Meter steil aufwärts, und wir treffen auf einen breiteren Forstweg, auf dem wir nach rechts fahren. Wir befinden uns nun abermals auf dem Radweg Via Julia, dessen Beschilderung uns bis kurz vor Teisenham leiten wird. An der nächsten Gabelung folgen wir dem schmaleren Weg nach links und radeln über einen Hügel zum malerischen Einbessee. Nach dem See geht es an der Gabelung auf schmalem Weg nach rechts und nach 200 Metern links auf einen wieder breiteren Weg. Zwischen Kautsee zur Rechten und Schlosssee zur Linken führt uns der Weg zu einer weiteren Gabelung am Fuß eines Waldhanges. Wir folgen dem Radwegweiser nach rechts und erreichen nach einem Anstieg auf dem etwas holprigen Weg eine schmale Teerstraße. Auf ihr geht es rechts zur Kreisstraße, dort wenige Meter nach rechts und dann links in eine Nebenstraße. Bevor der Anstieg nach Rankham beginnt, biegen wir rechts in einen Wirtschaftsweg ein.

Immer dem breiten Hauptweg folgend, radeln wir über Wiesen und durch Wald. An einer Forstwegkreuzung halten wir uns links und erreichen nach zwei Kilometern eine wenig befahrene Teerstraße. Wenige Meter rechts verlief der Hinweg. Wir fahren jedoch nach links und radeln 500 Meter aufwärts nach Teisenham. Dort treffen wir auf eine Vorfahrtsstraße, der wir nach rechts folgen. Wir genießen den weiten Blick auf die Chiemgauer Berge und die Bayerischen Voralpen und die schwungvolle Abfahrt nach Bad Endorf. Dort treffen wir auf eine Vorfahrtsstraße, der wir nach rechts folgen. Nach 250 Metern biegen wir links in die Langbürgnerseestraße ein, der wir einen Kilometer bis zu ihrem Ende folgen. Hier geht es rechts auf der Poststraße zur Hauptstraße und auf ihr rechts zum nahen Bahnhof von Bad Endorf.

INFO

Mittel | 41 km | 410 Hm | 3.30 Std.

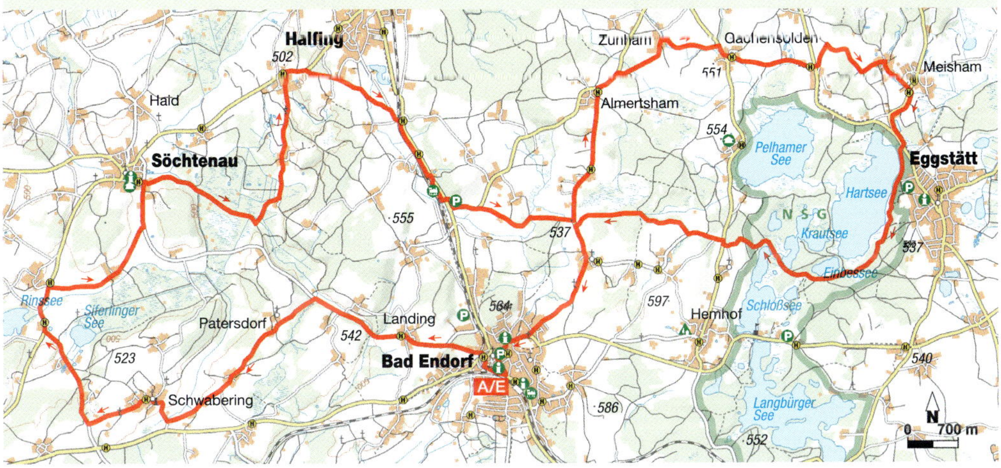

HIGHLIGHT
Naturparadies

TOURENCHARAKTER
Rundtour großteils auf verkehrsarmen Nebenstraßen, längere Abschnitte auch auf verkehrsfreien Rad- und Wirtschaftswegen

AUSGANGS-/ENDPUNKT
Bahnhof Bad Endorf

GPS-DATEN
47.9049 N, 12.3023 O

ANFAHRT
Auto: Bad Endorf liegt nordwestlich des Chiemsees an der Kreuzung der Staatsstraßen 2092 und 2095 und ist von der A 8 am besten von der Ausfahrt Bernau zu erreichen.
Bahn: Bad Endorf liegt an der Bahnstrecke von München nach Salzburg.

WEGVERLAUF
Bad Endorf – Rinssee (10,5 km) – Hartsee (31,5 km) – Bad Endorf (42 km)

RADKARTE
ADFC-Regionalkarte 1:75 000, Blatt Chiemgau

EINKEHR
In Schwabering, am Rinssee, in Schöchtenau, nach Gachensolden beim Sägwirt, in Bachham, Eggstätt am Hartsee und Bad Endorf

INFORMATION
Touristinfo Bad Endorf, Tel. 08053/300 80, www.bad-endorf.de

Am Fuß der Alpen liegt Kloster Benediktbeuern am Rand ausgedehnter Moore.

AM ALPENRAND ZWISCHEN INN UND LECH

Flache Moore, Wege durchs Gebirge und viel Kultur stehen bei diesen Touren auf dem Programm.

Die ehemalige Klosterkirche von Beyharting besticht mit prachtvoller Barockkunst.

8

BIERGÄRTEN, WALLFAHRTSKIRCHEN UND EIN SCHLOSS

Rund um das Tal der Glonn

Diese Tour führt uns abseits der gängigen Touristenrouten durch das Hügelland nördlich des geschäftigen Mangfalltales. Wir radeln durch stille Täler und über Hügel, die uns mit herrlichen Weitblicken belohnen. Am Weg liegen eindrucksvolle Gotteshäuser und ein malerisches Renaissanceschloss. Für das leibliche Wohl wird in einem der schönen Biergärten am Weg gesorgt.

VON ASSLING NACH TUNTENHAUSEN Vom Bahnhof Aßling radeln wir rechts zur nahen Vorfahrtsstraße und auf dieser rechts unter der Bahnlinie hindurch. An der folgenden Gabelung biegen wir nach links ab und mühen uns einen zu Beginn recht steilen Berg hinauf. Über aussichtsreiche Wiesen erreichen wir Niclasreuth. Kurz nach dem Ortsschild fahren wir links in den Weiherweg und dann wiederum links auf dem Osterwalder Weg aus dem Ort. Nun rollen wir auf der Teerstraße schwungvoll über die Wiesen abwärts bis vor die Bahnunterführung. Wir folgen hier den Radwegweisern auf einen Wirtschaftsweg, der am Bahndamm entlangführt. Nach zweieinhalb Kilometern treffen wir am Ortsrand von Weiching auf die Landstraße. Auf ihr radeln wir nach rechts und nach gut 100 Metern rechts in die schmale Antersberger Straße. Nach einem Kilometer biegen wir in die erste, links abzweigende Kiesstraße ein. Wir fahren über die schmale Moosach und an der folgenden Gabelung auf dem Hauptweg nach rechts. Der Weg führt uns rechts um einen bewaldeten Hügel, und bald ragen vor uns die markanten Kirchtürme von Tuntenhausen auf. Wir radeln geradewegs in den Ort, überqueren die Hauptstraße und erreichen den Kirchplatz im Zentrum.

VON TUNTENHAUSEN NACH WEIHENLINDEN Auf der »Kirchplatz« genannten Straße fahren wir links um die Kirche von Tuntenhausen zur Hilpertinger Straße, der wir nach rechts folgen. Nach einem Kilometer biegen wir rechts nach Emling ab. Wir folgen im Weiler an einer Querstraße den Radwegweisern nach rechts und radeln Richtung Schmiedhausen aus dem Ort. Nach einem Waldabschnitt führt uns die Kiesstraße hin aus auf herrliche Wiesen, die uns mit einem grandiosen Alpenblick verwöhnen. Die Straße macht einen Rechtsknick und nun treffen wir auf die Kreisstraße, auf der wir 300 Meter nach links und anschließend rechts auf schmaler Straße ins nahe Schmiedhausen radeln. Hier fahren wir auf der Querstraße nach links, am Ortsende nach rechts und nach der Glonnbrücke über einen kurzen Berg hinauf nach Jakobsberg. Die wenig

Tipp

SEHENS- UND WISSENSWERTES

Der Ort Tuntenhausen verdankt seinen Namen wohl einem frühen bajuwarischen Siedler namens Tunto. Seit einem ersten Marienwunder im Jahre 1441 gibt es die Wallfahrt, die sich zu einer der größten in Altbayern entwickelte. Die Wallfahrtskirche musste mehrmals erweitert werden: Anfang des 16. Jahrhunderts wurden die wuchtigen Doppeltürme erbaut, und 1630 wurde das neue Kirchenschiff geweiht. Im Inneren begeistern neben dem Hochaltar mit der Gnadenfigur der thronenden Muttergottes (1548) und der reich geschmückten Kanzel vor allem die zahllosen alten Votivtafeln. Das malerische, im Jahre 1585 fertiggestellte Renaissanceschloss in Maxlrain mit vier Ecktürmen kann nicht besichtigt werden. Die wohl an einem uralten Kultplatz im Jahre 1653 erbaute Wallfahrtskirche Weihenlinden hat eine sehenswerte Barockausstattung. Die Kirche entstand über einer wenige Jahre davor nach einem Gelübde aus dem Dreißigjährigen Krieg errichteten Kapelle, bei deren Bau man auf eine heilkräftige Quelle stieß. Die im Kern gotische Kirche des im 12. Jahrhundert gegründeten Klosters Beyharting besitzt eine herrliche barocke Innenausstattung. Um 1730 schuf Johann Baptist Zimmermann die Fresken und den Stuck. Der bezaubernde gotische, mit bedeutenden Renaissancefresken geschmückte Kreuzgang kann nur im Rahmen von Führungen besichtigt werden.

Das Renaissanceschloss Maxlrain kann leider nicht besichtigt werden.

befahrene Straße, von der der Blick zu den Felsgipfeln des Wilden Kaiser geht, führt uns links um das Dörfchen. An der Kreuzung im Weiler Fischbach geht es geradeaus und dann durch das Golfplatzgelände zu einer Weggabelung vor Maxlrain. Wer einen kurzen Abschnitt auf der viel befahrenen Landstraße vermeiden will, der biegt links in das Sträßchen, das am Schloss vorbei direkt zur Schlossbrauerei führt. Hier sollte das Fahrrad aber abschnittsweise geschoben werden. Der mit Radwegweisern ausgeschilderte Weg folgt dem Hauptsträßchen geradeaus zur Landstraße, die uns links nach 600 Metern zur Schlossbrauerei Maxlrain bringt. Links führt ein kurzer Abstecher an der Schlosswirtschaft vorbei zum malerischen Renaissanceschloss Maxlrain.

Wir radeln aber geradeaus an der Brauerei entlang und biegen nach dem Bräustüberl rechts in die Weihenlindener Straße ein. An einer nahen Gabelung fahren wir nach links und auf dem schmalen Sträßchen in sanftem Auf und Ab durch den Wald. Nach zweieinhalb Kilometern erreichen wir auf den Feldern bei Weihenlinden eine Wegkreuzung. Der Rückweg wird uns rechts nach Innerthann führen. Davor gönnen wir uns aber noch einen Abstecher nach links zur Wallfahrtskirche von Weihenlinden, deren Türme vor der Silhouette des Wilden Kaiser aufragen. Wer nicht schon in Maxlrain eine Pause eingelegt hat, der kann sich im Biergarten des Gasthofes Weihenlinden stärken.

Tipp

KULINARISCHES IN MAXLRAIN

Gleich zwei empfehlenswerte Einkehrmöglichkeiten findet man in Maxlrain. Das ist zum einen das urige Bräustüberl mit seiner typisch bayerisch-bodenständigen Küche. Dazu gibt es das vielfach ausgezeichnete Bier der Schlossbrauerei Maxlrain, die auf eine fast 400-jährige Geschichte zurückblicken kann. Dieses Bier kann man auch auf der anderen Straßenseite in der traditionsreichen Schlosswirtschaft bekommen, in der man mit etwas feineren Gaumenfreuden verwöhnt wird. Hier wie dort lässt sich im schattigen Biergarten eine Rast auf jeden Fall in vollen Zügen genießen.

Über einer heilkräftigen Quelle wurde die Wallfahrtskirche Weihenlinden erbaut.

Vom Glonntal aus sind an klaren Tagen die Gipfel des Wilden Kaisers zu sehen.

VON WEIHENLINDEN NACH ASSLING

Nun radeln wir wieder zurück zur letzten Kreuzung und folgen den Wegweisern nach Innerthann und Tuntenhausen. Wir bleiben auf dem gut ausgeschilderten, anfangs geteerten Hauptweg, der uns sanft ansteigend zu den Wiesen des Weilers Stachöd führt. Dort fahren wir auf dem Querweg nach rechts und an der folgenden Kreuzung auf dem Hauptweg nach links. Bald verlassen wir den Wald und treffen bei Bichl auf eine schmale Teerstraße, der wir nach rechts folgen. Nach einer Abfahrt wird die Glonn überquert, und hinter der Brücke biegen wir rechts Richtung Beyharting ab. Den Radwegweisern folgen wir durch Innerthann, nach der Kapelle geht es rechts zur Glonn und am Fluss entlang auf die Kirchtürme von Beyharting zu. Wer nicht zur ehemaligen Klosterkirche will, der kann nach dem Ortsschild von Beyharting links in die Flurstraße abbiegen. An ihrem Ende bringt uns die Innerthanner Straße rechts zur Hauptstraße, über die man in die Kellerstraße fährt. Wir radeln nach dem Ortsschild jedoch geradeaus zur Hauptstraße und dann rechts durch den Torbogen zum ehemaligen Kloster Beyharting. Nach der Besichtigung geht es von dort wieder durch den Torbogen und auf der Hauptstraße durch den Ort, bis wir nach 400 Metern rechts in die Kellerstraße abbiegen. Auf schmalem, aussichtsreichem Sträßchen radeln wir sanft bergauf zu einer Vorfahrtsstraße, die uns links ins nahe Sindelhausen führt. Vor dem kleinen Kirchlein knickt die Straße nach links, und wenige Meter weiter biegen wir rechts in eine nach Bach ausgeschilderte Nebenstraße ein. Über wunderschöne Wiesen geht es sanft abwärts nach Bach. Wir treffen auf eine Querstraße, der wir links sanft bergauf Richtung Antersberg folgen. Nach 300 Metern fahren wir an einer Linkskurve rechts auf einen Wirtschaftsweg ab, der sich am Fuß des Dorfhügels von Antersberg nach Norden schlängelt. Der Hauptweg knickt wenig später nach links ab und nach einem weiteren Linksknick treffen wir auf eine schmale Teerstraße, auf die wir überwechseln. An der nächsten Kreuzung halten wir uns rechts und radeln zu einer Vorfahrtsstraße. Auf ihr geht es rechts ins nahe Dörfchen Thal mit seiner eigenwilligen Kirche. Nach dem ersten Gebäude biegen wir rechts in ein Sträßchen ein, das durch das Sägewerksgelände der Untermühle läuft. Es verläuft links über die Moosach, und nach einem Anstieg erreichen wir am Waldrand eine Vorfahrtsstraße. Wir folgen ihr nach rechts bis zum Beginn des Anstiegs nach Niclasreuth und biegen dort links in ein schmales Sträßchen ein. Es führt uns in einer Talmulde um den Hügel, auf dem Niclasreuth liegt, und dann zurück zum Bahnhof Aßling.

INFO

HIGHLIGHT
Sehenswürdigkeit

TOURENCHARAKTER
Rundtour auf verkehrsarmen Nebenstraßen und verkehrsfreien Wirtschaftswegen. Nur wenige kurze Abschnitte vor Schmiedhausen, Maxlrain und in Tuntenhausen sind etwas stärker befahren.

AUSGANGS-/ENDPUNKT
Bahnhof Aßling

GPS-DATEN
47.9898 N, 11.9937 O

ANFAHRT
Auto:
Aßling liegt südlich der B 304 (München–Wasserburg) an der Staatsstraße 2080 und ist von der A 8 über die Ausfahrt Rosenheim, die B 15 und die Staatsstraße 2080 zu erreichen.
Bahn:
Der Bahnhof Aßling liegt an der Bahnlinie, die von München über Grafing nach Rosenheim führt.

WEGVERLAUF
Aßling – Tuntenhausen (8,5 km) – Maxlrain (16,5 km) – Weihenlinden (19,5 km) – Beyharting (27,5 km) – Aßling (37 km)

RADKARTE
ADFC-Regionalkarte 1:75 000, Blatt München/Alpenvorland

EINKEHR
In Tuntenhausen, Maxlrain, Weihenlinden, Beyharting und Aßling

INFORMATION
Touristinfo Bad Aibling, Tel. 08061/908 00, www.aib-kur.de

Mittel | 37 km | 220 Hm | 3.00 Std.

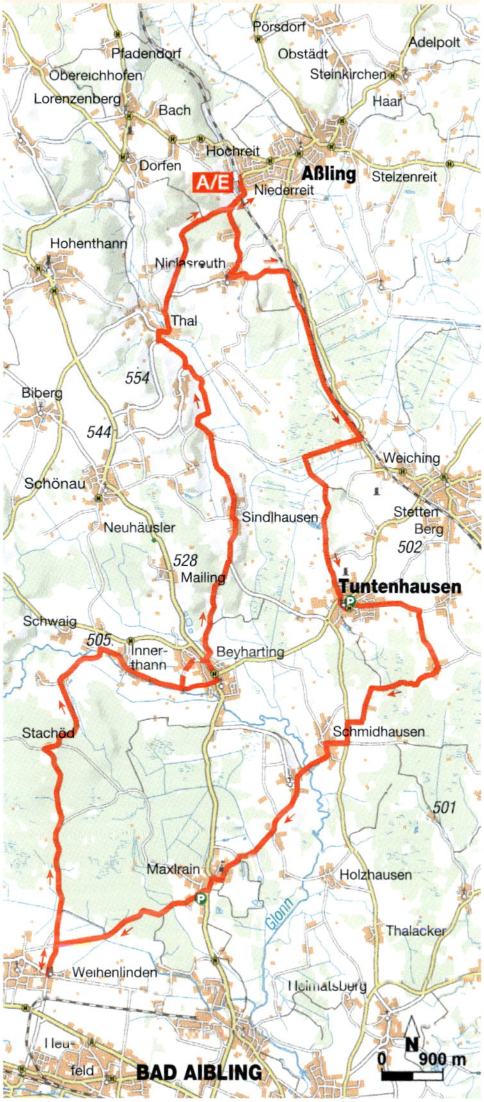

ZWISCHEN BAD AIBLING UND ROSENHEIM

Flaches Land an Inn und Mangfall

Der Inn- und der Mangfallradweg verlaufen größtenteils auf Dammwegen, die sogar verkehrsfrei durch das quirlige Rosenheim führen. Auf der restlichen Strecke begeistern die herrlichen Blicke auf Moor, Flüsse und die steilen Felszinnen des Kaisergebirges.

9

Bei Rosenheim erkunden wir das flache Schwemmland.

Bei Bad Aibling geht der Blick über den Bahndammradweg zum Wilden Kaiser.

AUSSICHTSREICHE STRECKE Wir beginnen die Tour am Bahnsteig 1 am Bahnhof Bad Aibling. Links radeln wir auf schmalem Radweg an den Gleisen entlang nach Westen bis zu einer Straße, auf der wir links über die Gleise und dann rechts in eine Nebenstraße fahren. Nach 50 Metern biegen wir links auf einen Radweg, der bis Au der aufgelassenen Bahnlinie nach Bad Feilnbach folgt. Zwei schmale Straßen werden gequert und dann geht es auf einer Radlerbrücke über die Mangfall zu einer Wegkreuzung, an der sich später am Tag der Kreis der Runde wieder schließen wird. Wir fahren hier auf dem geteerten Radweg geradeaus Richtung Bad Feilnbach. Nach kurzer Strecke geht es unter der Landstraße durch und anschließend in Willing über mehrere Straßen. Der Weg führt uns über Wiesen, von denen aus wir einen herrlichen Ausblick zum Kaisergebirge mit dem markanten Felsgipfel der Ellmauer Halt genießen. Wir radeln an Berbling vorbei und weiter durch eine Talmulde nach Dettendorf, dann weiter über die Hauptstraße und unter der A 8 hindurch auf einen Wirtschaftsweg. Auf teils geteertem, teils unbefestigtem Weg geht es immer geradeaus, bis wir auf eine Querstraße treffen. Auf der schmalen Straße fahren wir nach links, an der nächsten Kreuzung nach rechts und weiter geradeaus bis zur Hauptstraße im nahen Au bei Bad Aibling.

ZUM MOORERLEBNISPFAD Wir fahren über die Hauptstraße in den Weitmoosweg. An der folgenden Gabelung halten wir uns links und fahren aus dem Ort zu einer Kreuzung. Wir biegen nach rechts und radeln auf den Wendelstein zu, bis wir nach einem Bach eine Querstraße erreichen. Auf ihr geht es links bis zur Kreuzung vor dem Campingplatz. Wir fahren nach links Richtung Moosmühle und auf einem Kiessträßchen am Jenbach entlang bis zur Landstraße. Auf ihr geht es rechts über den Jenbach und nach der Brücke links auf eine Nebenstraße. Nach wenigen Metern biegen wir rechts auf einen Wirtschaftsweg und an der folgenden Gabelung wieder rechts auf einen aussichtsreichen Feldweg. Nach knapp einem Kilometer erreichen wir eine Kreuzung, an der wir links Richtung Moosmühle auf ein Teersträßchen abbiegen. Bis Kirchdorf weist uns nun meist die Beschilderung des Bodensee-Königssee-Radweges die Richtung. Wir radeln geradeaus, bis wir auf eine geteerte Straße treffen.

Tipp

STERNTALER FILZE

Auf einem Moorerlebnispfad mit einem 650 Meter langen Bohlenweg lässt sich die eigenwillige Landschaft und ihre Geschichte ganz hautnah erleben, www.chiemsee-alpenland.de.

Auf ihr geht es nach rechts und vorbei am Gasthof Moosmühle zu einer Querstraße. Wir fahren nach links bis zu einer Kreuzung im Dörfchen Wiechs, an der wir den Radwegweisern nach links folgen. Ein schmales, aussichtsreiches Sträßchen bringt uns zu einer Querstraße. Die etwas kürzere, als Bodensee-Königssee-Radweg ausgeschilderte Route führt hier nach rechts. Wir wählen aber den etwa einen Kilometer längeren Weg links, der vorbei an den Sterntaler Filzen nach Kleinholzhausen führt. An einer ersten Gabelung vor einem Wanderparkplatz halten wir uns links und an der folgenden rechts. Ein Kiesweg führt uns jetzt zum kleinen Erlebniszentrum, von dem aus man die Sterntaler Filze erkunden kann.

BODENSEE-KÖNIGSSEE-RADWEG Der Weiterweg knickt hier nach rechts ab und führt uns nach 600 Metern zu einer Weggabelung, an der wir links auf ein Teersträßchen wechseln. Auf ihm radeln wir auf die Felsgipfel des Wilden Kaisers zu und schwenken bald wieder links auf den Bodensee-Königssee-Radweg ein, der uns nach Kleinholzhausen führt. Dort geht es auf der Querstraße nach links und an der Kreuzung vor Großholzhausen wieder nach links. Bei Spöck radeln wir auf der Vorfahrtsstraße nach rechts und biegen nach 300 Metern links auf eine schmale Teerstraße. Bald gelangen wir über die Autobahn und dann in das zweite rechts abzweigende Sträßchen, das auf die Kirche von Kirchdorf zuläuft. Geradewegs geht es über eine Vorfahrtsstraße und danach unter der Bahnlinie und Bundesstraße hindurch zur Kirche von Kirchdorf.

Tipp

ROSENHEIM

Zentrum der Altstadt ist der gemütliche, von Bürgerhäusern im Inn-Salzachstil eingefasste Max-Josefs-Platz. Östlich des Platzes führt das Mittertor, das einzig erhaltene mittelalterliche Tor, zum Ludwigsplatz. Im Torgebäude ist das sehenswerte Städtische Museum untergebracht. Wenige Meter südlich ragt der Turm der im Kern gotischen Stadtpfarrkirche St. Nikolaus 65 Meter in die Höhe. Auf dem Weg zurück zur Mangfall passiert man an der Rathausstraße das weithin bekannte Ausstellungszentrum Lokschuppen Rosenheim. Die Ausstellungen in der umgebauten Lokomotiven-Remise ziehen alljährlich Hunderttausende von Besuchern an.

AUF DEM DAMM Hinter der Kirche stoßen wir auf die Hauptstraße, auf der wir kurz nach links bis zu einer Ampelkreuzung radeln. Wir biegen rechts in die Neubeurer Straße, die bald von einem Radweg begleitet wird. Nach den letzten Häusern wird der Litzldorfer Bach überquert und der Radweg wechselt auf die linke Straßenseite. Wir verlassen hier den Radweg und folgen dem Kiesweg, der auf der linken Seite des Baches nach Norden führt. Bald trifft von rechts der Inn-Radweg, dessen Schilder uns nun bis Rosenheim leiten, auf unseren Dammweg. Ohne Orientierungsprobleme geht es auf dem Inndamm nach Norden. Wir radeln unter der A 8 hindurch und dann wieder rechts hoch auf den Dammweg. Bei Flusskilometer 190,2 bietet sich links ein Abstecher zur Wirtschaft und zur herrlichen Badestelle am Happinger See an. Dazu fahren wir kurz steil vom Damm abwärts und dann auf schmalem Weglein durch den Auwald zum nahen See.

SEHENSWERTES ROSENHEIM Der Weiterweg verläuft nach dem Abstecher wieder auf dem Inndamm. An der Staustufe Rosenheim folgen wir kurz einem Teersträßchen

Zentrum von Rosenheim ist
der malerische Max-Josefs-Platz.

Badeplatz mit Alpenblick – der Happinger See südlich von Rosenheim

nach links und biegen nach wenigen hundert Metern rechts auf einen geteerten Radweg. Bald geht es unter einer Straßenbrücke und kurz danach im Rechtsknick unter der Bahnlinie hindurch. Nach einem Themenpark zum Inn erreichen wir in Rosenheim die Innbrücke. Die breite Innstraße leitet uns hier links am Innmuseum vorbei in die Altstadt. Wir folgen aber dem schöneren Weg geradeaus und radeln kurz vor ihrer Mündung in den Inn links auf einem Steg über die Mangfall. Wir biegen links auf den Mangfall-Radweg, der durchwegs am Fluss entlang durch Rosenheim führt. Wir wollen jedoch einen Abstecher in die Altstadt von Rosenheim unternehmen und biegen vor der folgenden Unterführung rechts zur Innstraße ab. Anfangs auf eigener Radspur, folgen wir ihr zum Ludwigsplatz und schieben links, vorbei am Stadtmuseum, die Räder in die Fußgängerzone. Auf dem malerischen Max-Josefs-Platz, der guten Stube in der Altstadt von Rosenheim, lässt sich herrlich rasten. Geradewegs erreichen wir die Rathausstraße, die uns am Museum im Lokschuppen vorbei zurück zum Ufer der Mangfall führt.

ZURÜCK ZUM MOORHEILBAD Wir biegen vor der Brücke über die Mangfall rechts wieder auf den Mangfall-Radweg ein, der als angenehmer Dammweg am Fluss entlangführt. Bald werden Bahnlinie und B 15 unterquert und kurz darauf überqueren wir links den Mangfallgraben. Nun geht es auf einem angenehmen Weg geradeaus am Fluss entlang, über eine erste Querstraße und auf der zweiten rechts über den Mangfallkanal. Nach der Brücke biegen wir nach links ab und radeln, vorbei am historischen Elektrizitätswerk Rosenheim, am Mangfallkanal entlang nach Westen. Wir überqueren eine Straße und nach einem Kilometer geht unser Weg in Kolbermoor in eine schmale Straße über. Wir ignorieren eine erste Brücke zur Linken und radeln am Ende der Friedrich-Ebert-Straße links über den Mangfall-Kanal und kurz darauf über die Mangfall. Unmittelbar nach der Brücke biegen wir rechts in die Obere Mangfallstraße, die am Fluss entlangführt. Nach einem Kilometer können wir rechts auf den Dammweg wechseln. Er führt uns am Fluss entlang durch die malerischen Mangfallauen. Nach drei Kilometern geht es unter der Landstraße durch und nach weiteren zwei Kilometern über eine Straße. 500 Meter weiter erreichen wir neben einer Radlerbrücke eine Wegkreuzung. Rechts geht es über das Brückchen und auf bekanntem Radweg zurück zum Bahnhof Bad Aibling. Die Stadt ist dank der nahen Moore das älteste Moorheilbad Bayerns. Im Jahr 2007 wurde die Therme Bad Aibling eröffnet, die vom Thermalwasser aus einer Tiefe von 2300 Metern gespeist wird.

INFO

HIGHLIGHT
Naturparadies

AUSGANGS-/ENDPUNKT
Bahnhof Bad Aibling

GPS-DATEN
47.8621 N, 12.0041 O

ANFAHRT
Auto: Bad Aibling liegt nördlich der gleichnamigen Ausfahrt der A 8 an der Staatsstraße 2089. Da es nahe dem Bahnhof Bad Aibling kaum Parkplätze gibt, beginnt man bei Anfahrt mit dem Auto die Tour besser an einem der Wanderparkplätze entlang der Runde, z. B. westlich von Wiechs auf dem Wanderparkplatz vor dem kleinen Erlebniszentrum Sterntaler Filze.
Bahn: Der Bahnhof Bad Aibling liegt an der Bahnlinie München–Salzburg.

Leicht | 52 km | 70 Hm | 4.00 Std.

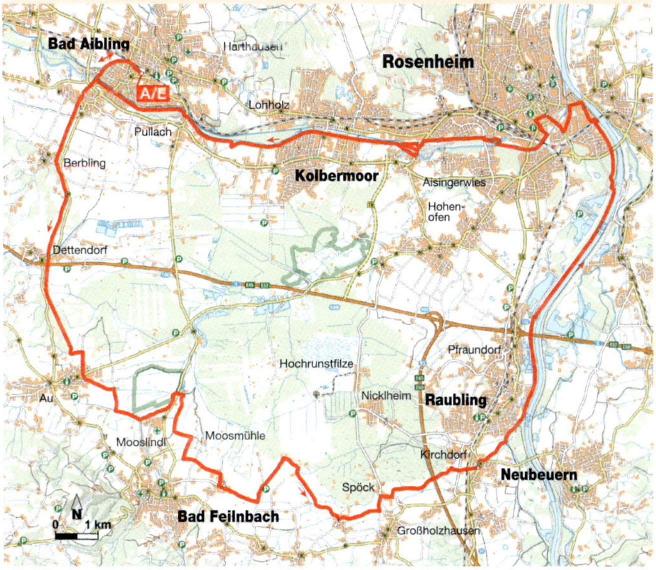

TOURENCHARAKTER
Vor allem auf dem Inn- und Mangfalldamm gibt es längere Abschnitte auf gut zu befahrenden Kieswegen, auf der übrigen Strecke meist geteerte Radwege und Nebenstraßen. Die Tour ist bis auf wenige ganz sanfte Anstiege nahezu steigungsfrei.

WEGVERLAUF
Bad Aibling – Au (10 km) – Kirchdorf (25 km) – Rosenheim (37 km) – Bad Aibling (52 km)

RADKARTE
ADFC-Regionalkarte 1:75 000, Blatt München/Alpenvorland

EINKEHR
In Au bei Bad Aibling, an der Moosmühle, in Kirchdorf, am Happinger See, in Rosenheim, Kolbermoor und Bad Aibling. Nördlich von Bad Feilnbach liegt inmitten aussichtsreicher Wiesen direkt am Bodensee-Königssee-Radweg das Naturcafe Moosmühle, Mi bis So ab 11 Uhr, Tel. 08066/279, www.cafe-moosmuehle.de.

INFORMATION
Touristinfo Bad Aibling, www.aib-kur.de

Üppige Blumenpracht an einem Hof in Fischhausen

10

VON MIESBACH IN DIE BERGE

Durch die Täler von Leitzach und Schlierach

In den Tälern von Leitzach, Aurach und Schlierach führt uns diese Runde in bezaubernder Alpenlandschaft um den Schliersberg. Für Abwechslung sorgen urige Gasthöfe, sehenswerte Kirchen, das Bauernhofmuseum von Markus Wasmeier und der malerische Schliersee.

DURCH DAS LEITZACHTAL NACH FISCHBACHAU Vor dem Bahnhof Miesbach radeln wir auf dem Bahnhofplatz nach links und erreichen nach einem Rechtsknick einen nahen Kreisverkehr, über den wir geradewegs in die Frühlingstraße fahren. Nun geht es aufwärts über den Stadtplatz und die Rosenheimer Straße zur B 472, die geradewegs überquert wird. Wir fahren auf dem Radweg nach Parsberg und anschließend auf der Landstraße abwärts zu einer Kreuzung in Leitzach. Wir folgen der Leitzachtalstraße nach rechts und haben nun zwei Varianten für den Weiterweg.

Die einfachere Variante folgt geradewegs der stärker befahrenen Landstraße, auf der man nach gut drei Kilometern Wörnsmühl erreicht. Wer einen steilen Anstieg nicht scheut oder mit einem E-Bike unterwegs ist, der biegt hinter dem Gasthaus Bierhäusl links in die Straße nach Radthal. Sie führt steil aufwärts zu einer Weggabelung vor dem Weiler Radthal. Wir halten uns rechts und folgen der schmalen Straße zum Hof von Deining. Eine steile Abfahrt bringt uns wieder zur Talstraße hinab, auf der wir links ins nahe Wörnsmühl radeln. Wir biegen rechts in die Dorfstraße und vor der Brücke links in das Sträßchen Drachenthal ein. Nach der Brücke über die Leitzach fahren wir links in eine mit Schranke gesperrte Forststraße, die uns an der Leitzach entlang nach Süden führt. Nach einer Furt bringt uns ein kurzer Anstieg aufwärts zu einer Weggabelung. Wir halten uns links und radeln über die Leitzach in den Weiler Oberachau. An der Gabelung vor dem Hofcafe Beim Melchern geht es nach rechts und an der nächsten Gabelung wieder nach rechts. An der folgenden Kreuzung fahren wir geradeaus auf einen bewaldeten Hügel und biegen dort nach einer Hütte links ab. Auf dem schmalen Sträßchen gelangen wir geradewegs durch Wald und über aussichtsreiche Wiesen aufwärts. Nach den Höfen von Endstall stoßen wir auf eine Querstraße, der wir nach rechts folgen. Bis Hausham weist uns jetzt die Beschilderung des Bodensee-Königssee-Radweges den Weg. Im Weiler Lehen halten wir uns an der Gabelung links und radeln in sanftem Auf und Ab geradewegs nach Fischbachau und folgen der Hauptstraße nach rechts zum ehemaligen Kloster.

Tipp

FISCHBACHAU

Die im Kern romanische Münsterkirche St. Martin des ehemaligen Klosters wurde um das Jahr 1100 erbaut und begeistert mit verschwenderischer Rokokokunst im Inneren. Die schon 1087 geweihte Alte Pfarrkirche, die heutige Friedhofskirche Mariä Schutz, wirkt mit gotischen Fresken und gotisch-barocker Ausstattung angenehm schlicht. In den ehemaligen Klostergebäuden lockt das urige Klosterstüberl mit seinem schönen Biergarten im Innenhof.

In der Friedhofskirche in Fischbachau findet man gotische Fresken.

Über den Schliersee geht der Blick zum gleichnamigen Ort.

AM SCHLIERSEE VORBEI NACH MIESBACH Kurz nach dem Klosterstüberl fahren wir rechts in die Lehenpointstraße und sanft abwärts zurück zur Leitzach. An der Kreuzung nach der Brücke biegen wir nach links ab und radeln auf der schmalen Straße zur Landstraße, die wir überqueren. Jenseits auf dem Radweg geht es nach rechts bis zur B 307. Hier fahren wir rechts über die Landstraße und kurz an der Bundesstraße entlang, die nahe der Kapelle von Aurach überquert wird. Wir radeln links am Gasthof Aurach vorbei auf einen Kiesweg. Nach zwei Kilometern geht es über die Spitzingseestraße und auf der Aurachstraße geradeaus. Nach 1,5 Kilometern folgen wir der Josefstaler Straße rechts durch Neuhaus zur B 307. Nach 300 Metern führt unser Weiterweg links zum Bahnhof. Wer hier noch kurz geradeaus fährt, der findet nach dem nahen Bahnübergang rechts die Zufahrt zum Markus Wasmeier Freilichtmuseum.

Wir radeln am Bahnhof von Neuhaus vorbei an der Bahnlinie entlang. An der Gabelung rechts unter den Gleisen hindurch und geradewegs durch das malerische Fischhausen zum Ufer des Schliersees. Hier geht es nach links, bald an den Gleisen entlang über einen Parkplatz zu einer Querstraße, der wir nach links folgen. Auf der Westerbergstraße gelangen wir links an einem bewaldeten Hügel vorbei zu einer Vorfahrtsstraße. Auf ihr radeln wir nach rechts und nach einer kurzen Ab-

Tipp

NEUHAUS

In Neuhaus bietet sich ein Abstecher zum nahe der Strecke gelegenen Markus Wasmeier Freilichtmuseum an. Mit viel Liebe zur Heimat hat hier die Familie Wasmeier ein wundervolles altbayerisches Dorf geschaffen. In den alten Höfen und Gebäuden, die von ihren ursprünglichen Standorten hierher versetzt wurden, kann man einiges über traditionelle Handwerke erfahren. Und fürs leibliche Wohl wird im Wirtshaus Beim Wofen mit bayerischen Schmankerln gesorgt, geöffnet Di–So von 10–17 Uhr, feiertags auch montags geöffnet.

fahrt am Ortsrand von Schliersee links in die Schlierachstraße. Sie führt uns an der Schlierach entlang nach Hausham. Dort überqueren wir die Landstraße in die Erlmoosstraße. Jetzt fahren wir geradewegs aus dem Ort und bald an einer Gabelung links am Müller zu Kasten vorbei auf einen Feldweg. Nach 400 Metern auf einer Querstraße geht es rechts über die Schlierach, links in die Straße Kasten und nach kurzer Fahrt wieder über den Fluss. Nach der Brücke fahren wir rechts in einen Kiesweg und danach auf schmalem Weglein zu einer Straße, auf die wir vor der Bahnhaltestelle Agatharied stoßen. Auf ihr radeln wir rechts über die Gleise und, um die viel befahrene B 307 zu meiden, am besten gleich links auf einen Fußweg. Er geht nach der Bahnstation in eine schmale Straße über, der wir geradeaus folgen. Weiter geht es auf dem Radweg, der zwischen Schlierach und Bundesstraße nach Norden führt und nach 500 Metern an einer Querstraße endet. Diese fahren wir nach links und durch das Tal nach Miesbach. Wir radeln auf der Haidmühlstraße geradewegs in die Stadt. Vor dem historischen Ortszentrum schwenkt sie nach links und geht in die Rathausstraße über, auf der wir geradewegs zum nahen Bahnhof Miesbach zurückradeln.

INFO

Mittel	37 km	340 Hm	3.30 Std.

HIGHLIGHT
Naturparadies

TOURENCHARAKTER
Die Tour verläuft zu Beginn auf stärker befahrenen Straßen, dann auf Nebenstraßen und auf unbefestigten Wirtschafts- und Radwegen.

AUSGANGS-/ENDPUNKT
Bahnhof von Miesbach

GPS-DATEN
47.7906 N, 11.8311 O

ANFAHRT
Auto: Von der A 8 über die Ausfahrt Weyarn und die Staatsstraße 2073 oder über die Ausfahrt Irschenberg und die B 472 nach Miesbach
Bahn: Miesbach liegt an der Bahnstrecke München–Holzkirchen–Bayrischzell.

WEGVERLAUF
Miesbach – Wörnsmühl (8 km) – Fischbachau (17 km) – Fischhausen (26,5 km) – Miesbach (37 km)

RADKARTE
ADFC-Regionalkarte 1:75 000, Blatt München/Alpenvorland

EINKEHR
In Wörnsmühl, Fischbachau, Aurach, Neuhaus, Hausham, Agatharied und Miesbach

INFORMATION
Tourismusverband Alpenregion Tegernsee Schliersee, Tel. 08022/927 38 90, www.tegernsee-schliersee.de

BADESEE UND KLOSTEREINKEHR

Zwischen Bad Tölz und Dietramszell

Von Bad Tölz, dem bezaubernden alten Marktort an der Isar, führt uns diese Tour über aussichtsreiche Wiesen und einsame Waldhügel nach Dietramszell. Dort wartet mit der prächtigen Kirche des ehemaligen Klosters ein erster Höhepunkt. Auf dem Rückweg locken das warme Wasser des malerischen Kirchsees und die Aussichtsterrasse der Klosterwirtschaft Reutberg, ehe wir durch stille Moore nach Bad Tölz zurückradeln.

Am Nordufer des Kirchsees findet man wundervoll sonnige Badeplätze.

11

VON BAD TÖLZ NACH DIETRAMSZELL

Vor dem Bahnhof Bad Tölz radeln wir über den Bahnhofplatz rechts in die Eichenmühlstraße. Auf ihr geht es bis zum Ortsrand und gegenüber dem Naturfreibad Eichenmühle nach den letzten Häusern links in ein für den allgemeinen Verkehr gesperrtes Sträßchen. Nach kurzer Strecke biegen wir rechts auf einen Kiesweg ab und radeln nach dem Brückchen über den Ellbach aufwärts zur Landstraße. Auf dieser fahren wir nach rechts und nach 400 Metern links nach Ellbach. An der Kreuzung nach dem Schützenwirt folgen wir den Radwegweisern links auf die Ägypteneichenstraße. Wir radeln geradeaus über die aussichtsreichen Wiesen und durch den Wald, bis wir bei Reut auf eine Teerstraße treffen. Nun fahren wir rechts nach Kirchbichl, dort auf der Hauptstraße kurz nach links und vor dem Gasthaus Jägerwirt rechts in eine Nebenstraße. Wir erreichen auf den Wiesen eine Kreuzung, an der wir dem Wegweiser zum Koglweiher nach links folgen. Auf der schmalen Straße, die uns mit wunderschönen Ausblicken verwöhnt, radeln wir in sanftem Auf und Ab über den Weiler Abrain und vorbei am malerischen Koglweiher bis zu einer Kreuzung am Kirchseemoor. Rechts biegt ein Weg zum Kirchsee ab, wir folgen aber den Wanderwegweisern zur Gnadenkapelle Maria Elend geradeaus und gelangen über einen Berg zum herrlich gelegenen Koglhof.
Geradewegs geht es durch das Hofgelände und auf einem lediglich auf den ersten Metern steilen und groben Kiesweg über die Wiesen abwärts in den Wald. Am Ende der Abfahrt biegen wir an der Wegkreuzung hinter einem Bach nach rechts und nach 150 Metern an der nächsten Gabelung nach links ab. Ein Forstweg führt uns zu einer Kreuzung neben einem alten Marterl. Wir folgen der Beschilderung Richtung Maria Elend nach rechts und stoßen auf eine breitere Forststraße, auf der wir nach links radeln. Nach 700 Metern weist die Beschilderung nach Maria Elend rechts auf einen schmalen Weg. Wir fahren hier noch wenige Meter auf der Kiesstraße weiter zu einer Gabelung, an der wir uns rechts halten. Nach wenigen Metern beginnt ein Anstieg, der uns nach gut 200 Metern zum wunderschön gelegenen Gut Trischberg hinaufführt. Geradewegs fahren wir durch das Hofgelände und anschließend auf der Zufahrtsstraße abwärts nach Obermühltal. Wir treffen auf die Landstraße, der wir nach rechts folgen. Nach 200 Metern biegen wir nach einem Bach rechts in einen Radweg ein, der uns ins nahe

Tipp

SEHENS- UND WISSENSWERTES

1098 wurde von Mönchen aus Tegernsee das Augustiner-Chorherrenstift in Dietramszell gegründet. Im 18. Jahrhundert wurde die Klosterkirche vor allem von Johann Baptist Zimmermann zu einem spätbarocken Juwel umgestaltet. Um 1180 wurde in Bad Tölz eine erste Burg erbaut, die über die Siedlung und den Isarübergang wachte. 1331 erhielt der Ort, der durch die Flößerei auf der Isar und vor allem durch den Salzhandel zu Wohlstand kam, die Marktrechte. Heute besticht der historische Ortskern rund um die Marktstraße mit seinen oftmals mit Lüftlmalerei bedeckten Häusern.
Ein Blick lohnt auch in die spätgotische Pfarrkirche mit der gotischen Winzerkapelle und in die sehenswerte barocke Wallfahrtskirche Maria Hilf mit einem Fresko von Matthäus Günther. Im Norden liegt der Kalvarienberg mit der eigenwilligen Heilig-Kreuz-Kirche und der barocken Leonhardikapelle, die alljährlich am 6. November Ziel der größten Leonhardiwallfahrt im Oberland ist.

Die Klosterkirche Dietramszell, ein spätbarockes Gesamtkunstwerk

Tipp

KIRCHSEE

Ein kurzer Abstecher führt von der beschriebenen Strecke zum malerisch gelegenen Kirchsee, der im Zungenbecken eines eiszeitlichen Gletschers liegt. Das samtweiche Moorwasser erwärmt sich schnell und von den Badeplätzen am Nordufer bietet sich ein herrlicher Blick auf die Berge und zum nahen Kloster Reutberg. Im 1618 gegründeten Kloster, in dem seit über 300 Jahren Bier gebraut wird, kann man sich nach dem Badevergnügen im täglich geöffneten Klosterbräustüberl stärken und den unvergleichlichen Ausblick vom Biergarten genießen.

Dietramszell führt. Zum Schluss geht es kurz auf der Straße aufwärts zum ehemaligen Kloster Dietramszell.

VON DIETRAMSZELL ZUM KLOSTER REUTBERG In Dietramszell fahren wir vor dem Kloster rechts auf die nach Holzkirchen ausgeschilderte Straße und folgen am Ortsrand den Radwegweisern Richtung Reutberg rechts auf eine schmale Teerstraße. Sie geht bald in eine Forststraße über, die in die bewaldeten Hügel hinaufführt. Wir bleiben auf dem mit Radwegweisern ausgeschilderten Hauptweg, der einen Kilometer lang teils recht steil ansteigt. Nach einem erholsamen Abschnitt halten wir uns an einer Gabelung links und müssen nochmals einen kurzen, steilen Berg überwinden. Ohne weitere Mühen radeln wir dann über die Hochfläche zur

↑ Kloster Reutberg erhebt sich auf einem aussichtsreichen Hügel.

↓ Vom Klosterbräustüberl Reutberg hat man einen herrlichen Alpenblick.

Die Marktstraße in Bad Tölz begeistert mit ihren historischen Bürgerhäusern.

nächsten Kreuzung, an der wir links in ein teils geteertes Sträßchen einbiegen. Es führt uns bald steil abwärts zur Pelletsmühle im Tal des Kirchseebaches. Jenseits radeln wir über einen lang gezogenen Anstieg aufwärts zu einer Straße, der wir nach rechts folgen. Vorbei am Weiler Reith und über die aussichtsreichen Wiesen von Stubenbach führt diese uns auf Kloster Reutberg zu. Nach gut zwei Kilometern, kurz bevor der Anstieg zum Kloster beginnt, kann man im Sommer rechts einen Abstecher zu den wundervollen Badeplätzen am Kirchsee machen (zusätzlich drei Kilometer). Unser Weiterweg führt uns jedoch zum nahen Kloster Reutberg hinauf. Wir biegen hinter dem Parkplatz rechts in das Sträßchen ab, das zum nahen Klosterbräustüberl hinaufführt.

VOM KLOSTER REUTBERG NACH BAD TÖLZ Unterhalb der Wirtsterrasse von Kloster Reutberg schwenkt die Zufahrtsstraße nach rechts. Wir radeln hier auf einen Kiesweg, der kurz unterhalb der Klostermauer entlangläuft und dann links zum nahen Mühlweiher abknickt. Hier fahren wir an der Gabelung nach rechts und an der Kreuzung hinter dem Neuweiher links zur Kreisstraße. Im Anschluss radeln wir auf ihr nach rechts und folgen nach zwei Kilometern in Kirch-

seemoor den Radwegweisern links auf einen Wirtschaftsweg.
Der etwas holprige Weg führt uns durch ein malerisches Moortal. Nach einem kurzen Anstieg erreichen wir eine schmale Teerstraße, auf der wir geradeaus nach Ellbach radeln. Dort fahren wir auf der Hauptstraße nach links und nach 100 Metern erneut links auf der Bachstraße abwärts. Auf einem Kiesweg radeln wir nun durch das wundervolle Ellbacher Moor. An seinem Ende geht es kurz steil bergauf und dann auf einem Queräßchen nach rechts. Nach kurzer Abfahrt wechseln wir auf einen Kiesweg, der uns zur Bahnlinie führt. Auf schmaler Teerstraße radeln wir zum Ortsrand von Bad Tölz. Geradewegs vorbei am Naturfreibad Eichenmühle geht es zurück zum Bahnhof Bad Tölz.

INFO

HIGHLIGHT
Naturparadies

TOURENCHARAKTER
Rundtour auf verkehrsarmen Nebenstraßen und verkehrsfreien Wirtschaftswegen. Nur vor und nach Kloster Reutberg jeweils zwei Kilometer auf mäßig stark befahrenen Nebenstraßen

AUSGANGS-/ENDPUNKT
Bahnhof Bad Tölz

GPS-DATEN
47.7608 N, 11.5735 O

ANFAHRT
Auto:
Bad Tölz ist von der A 95 über die Ausfahrt Sindelsdorf und die B 472 zu erreichen, bzw. von der A 8 über die Ausfahrt Holzkirchen und dann über die B 318 und B 13.
Bahn:
Bad Tölz liegt an der Bahnlinie, die von München über Holzkirchen nach Lenggries führt.

WEGVERLAUF
Bad Tölz – Dietramszell (14 km) – Kloster Reutberg (22 km) – Bad Tölz (32 km)

RADKARTE
ADFC-Regionalkarte 1:75 000, Blatt München/Alpenvorland

Schwer	32 km	300 Hm	3.00 Std.

EINKEHR
In Ellbach, Kirchbichl, Obermühlthal, Dietramszell, im Kloster Reutberg und in Bad Tölz

INFORMATION
Touristinfo Bad Tölz, Tel. 08041/786 70, www.bad-toelz.de

Das um 725 gegründete Kloster Benediktbeuern ist eines der ältesten in Bayern.

12

FAMILIENTOUR AM ALPENRAND

Durch die Moore bei Benediktbeuern

Am Alpenrand zwängt sich die breite Moorebene zwischen die Berge der Bayerischen Voralpen, die in einem eigenwilligen Bogen von der Loisach durchströmt wird. Früh schon wurden hier bedeutende Klöster gegründet, von denen aus das Land urbar gemacht wurde. Später begeisterten sich Künstler wie Franz Marc für die bezaubernde Landschaft. Heute genießen wir die flachen, familienfreundlichen Wege, die uns eine mühelose Bade- und Aussichtstour ermöglichen.

VON BENEDIKTBEUERN NACH KOCHEL

Vom Bahnhof Benediktbeuern fahren wir rechts zur Vorfahrtsstraße, die uns rechts über die Gleise führt. Wir biegen vor dem nahen Kloster Benediktbeuern links in die schmale Straße ein, die an der Bahnlinie entlang nach Süden führt. Nach eineinhalb Kilometern folgen wir den Radwegweisern auf einem Quersträßchen nach rechts und radeln auf dem breiten Kiesweg geradewegs auf die Ammergauer Alpen zu. Nach zwei Kilometern erreichen wir nach einem Bach eine Wegkreuzung. Geradeaus führt eine Kurzvariante zum Eichsee, wir biegen aber hier links Richtung Kochel ab. Wir fahren auf dem holprigen Weg am Bach entlang und gelangen an der Weggabelung vor Brunnenbach links zu einem befestigten Sträßchen. Auf ihm geht es sanft ansteigend zur Bahnlinie, vor der unsere Route nach rechts knickt. Auf dem aussichtsreichen Weg radeln wir nun an der Bahnlinie entlang nach Kochel. Dort kann man auf der zweiten Straße, die links abzweigt, einen Abstecher ins nahe Ortszentrum machen.

Tipp

SEHENS- UND WISSENSWERTES

Schon in der Bronzezeit war das Gebiet um Kochel am See besiedelt. Im Mittelalter florierte der Handel über den ab 1490 mit einer Straße ausgebauten Kesselberg und brachte Wohlstand in den Ort. Im Ortszentrum erinnert ein Denkmal an den legendären Schmied von Kochel, der im Jahre 1705 während des Aufstandes gegen die österreichischen Besatzungssoldaten in der sogenannten Sendlinger Mordweihnacht einen heldenhaften Tod gestorben sein soll.
Am südlichen Ortsrand ist im ehemaligen Wohnhaus des berühmten Malers Franz Marc das nach ihm benannte Museum untergebracht, in dem man neben einigen seiner berühmten Tierbilder auch Werke seiner Malerfreunde sieht, die hier in der Gegend Anfang des 20. Jahrhunderts ihre Motive fanden. Geöffnet ist das Museum von April bis Oktober Di–So und feiertags 10–18 Uhr und von November bis März 10–17 Uhr.

Im Kreuzgang von Benediktbeuern finden regelmäßig Ausstellungen statt.

Folgt man der B 11 durch den Ort, erreicht man nach eineinhalb Kilometern das Franz-Marc-Museum.

VON KOCHEL ZUM EICHSEE Der Weiterweg folgt an der Kreuzung am Ortsrand von Kochel den Radwegweisern Richtung Schlehdorf. Die Straße geht in einen Radweg über, und nach 600 Metern treffen wir auf

Tipp

KLOSTER BENEDIKTBEUERN

Das um 725 gegründete und 739 vom heiligen Bonifatius geweihte Kloster gehört zu den ältesten in Bayern und war über die Jahrhunderte eines der geistlichen und geistigen Zentren. In der bedeutenden Klosterbibliothek fand man die mittelalterliche Liedersammlung Carmina Burana (Lieder aus Benediktbeuern), die mit ihrer Vertonung durch Carl Orff Weltruhm erlangten. Ab 1669 entstand die heutige barocke Klosteranlage, an der die bedeutendsten Künstler jener Zeit mitwirkten. Die Klosterkirche ist eine der ersten bedeutenden Barockkirchen in Oberbayern. Die in prunkvollem Rokoko ausgestattete Anastasiakapelle ist ein Entwurf von Johann Michael Fischer. Der beschauliche spätgotische Kreuzgang wird häufig für Kunstausstellungen genutzt, und das Klosterbräustüberl sorgt für das leibliche Wohl. Nach der Säkularisation im Jahre 1803 gründete Joseph von Utzschneider in den ehemaligen Klostergebäuden eine Fabrik für optische Gläser. Hier betrieb Joseph von Fraunhofer seine bahnbrechende Forschungsarbeit. In der ehemaligen Glashütte ist heute ein Museum eingerichtet, geöffnet täglich 9–16 Uhr, Eintritt frei.

die Landstraße, die uns rechts aus dem Ort führt. Nach 200 Metern biegt links eine Straße ab, die zu Badeplätzen am Kochelsee und zur Kristall Therme Trimini führt. Wir radeln jedoch geradewegs über die Loisach, die rauschend aus dem Kochelsee strömt. Ein angenehmer Radweg beginnt nach der Brücke und läuft an der Straße entlang. Nach drei Kilometern erreichen wir wieder die Loisach nördlich ihrer Mündung in den Kochelsee. Wir biegen vor der Brücke rechts in die für den Kraftverkehr gesperrte Straße ein, die am Fluss entlangläuft. Nach einem Kilometer ignorieren wir den Abzweig links nach Unterau, und kurz darauf knickt unser Sträßchen vom Loisachufer weg nach rechts ab. Wir radeln durch die malerische Wiesenlandschaft geradeaus, bis wir auf eine schmale Querstraße treffen. Bevor wir unseren Weg links fortsetzen, leisten wir uns rechts noch einen kleinen Abstecher. Nach kurzer Fahrt biegen wir links in einen Kiesweg ein, der uns zur nahen Badestelle am herrlich gelegenen Eichsee bringt.

VOM EICHSEE NACH BENEDIKTBEUERN Wir fahren zurück zur Kreuzung am Quersträßchen, an der der kurze Abstecher begann. Nun geht es geradeaus und nach dem Triftgraben auf der Querstraße nach rechts. An der nächsten Kreuzung radeln wir nach links, geradeaus über die folgende Kreuzung und an einer Weggabelung links sanft ansteigend zum Ortsrand von Zell. Wir treffen auf die Landstraße, auf der wir nach rechts radeln. Nach 500 Metern biegen wir vor der Autobahnunterführung rechts auf einen Kiesweg ein, der parallel zur A 95 nach Norden läuft. Nach gut einem Kilometer radeln wir geradewegs über einen Querweg. Bald passieren wir einen Autobahnparkplatz. Wenige Meter nach dem Ende des Wiesengeländes am Parkplatz biegen wir scharf rechts in einen Wirtschaftsweg ein. Vorbei an einer

Schautafel zu den wiesenbrütenden Vögeln führt der Weg links an einem Wäldchen entlang. Auf einer schmalen Brücke geht es anschließend über den Sindelsbach zu einem Querweg, dem wir nach rechts folgen. Jetzt radeln wir permanent am Bach entlang, bis der zum Schluss hin unbefestigte Weg nach zweieinhalb Kilometern nach links abknickt. Geradeaus erreichen wir die B 472 und folgen dem Radweg rechts über die nahe Loisach. Nach der Brücke geht es auf dem Radweg wenige Meter bergab und am Ufer der Loisach links auf den schmalen, flussaufwärts führenden Weg. Nach gut einem Kilometer biegen wir an der nächsten Kreuzung nach links ab. Nun fahren wir immer geradeaus, bis wir vor dem Segelfluggelände von Benediktbeuern eine Querstraße erreichen. Auf ihr radeln wir nach rechts und nach kurzer Fahrt links auf eine breite Kiesstraße, die uns geradewegs nach Benediktbeuern führt. Wir treffen auf eine Teerstraße, auf der wir links um das Kloster Benediktbeuern zu einer Vorfahrtsstraße radeln. Rechts gelangen wir zum nahen Bahnhof Benediktbeuern zurück.

INFO

HIGHLIGHT
Sehenswürdigkeit

TOURENCHARAKTER
Rundtour großteils auf verkehrsfreien Nebenstraßen und Rad- und Wirtschaftswegen. Nur ganz kurze Abschnitte in Benediktbeuern und Kochel und nach Zell sind etwas stärker befahren.

AUSGANGS-/ENDPUNKT
Bahnhof Benediktbeuern

GPS-DATEN
47.7092 N, 11.4035 O

ANFAHRT
Auto:
Benediktbeuern erreicht man von der Ausfahrt Sindelsdorf an der A 95 über die B 472 und die B 11.
Bahn:
Benediktbeuern liegt an der Bahnlinie, die von München über Tutzing nach Kochel führt.

WEGVERLAUF
Benediktbeuern – Kochel (9 km) – Eichsee (15,5 km) – Benediktbeuern (30,5 km)

Leicht | 30,5 km | 40 Hm | 2.30 Std.

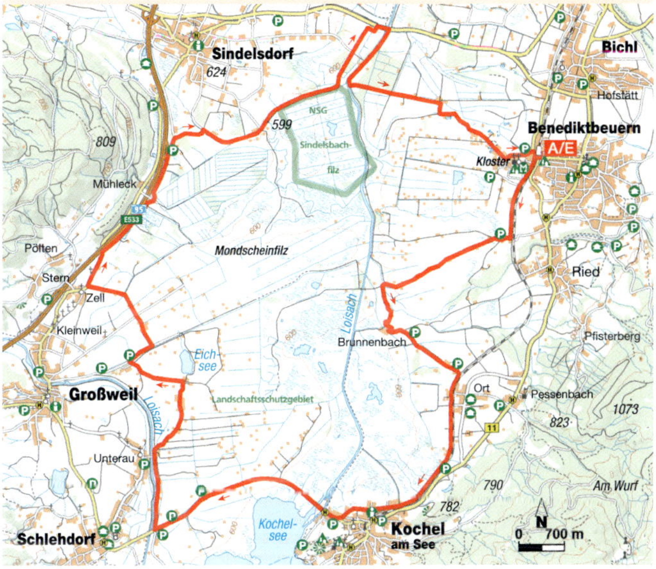

RADKARTE
ADFC-Regionalkarte 1:75 000, Blatt München/Alpenvorland oder Blatt Bayerische Seen

EINKEHR
In Kochel und Benediktbeuern

INFORMATION
Touristinfo Benediktbeuern, Tel. 08857/248, www.benediktbeuern.de

BADESEEN IM HOCHGEBIRGE

Rund um Mittenwald

Diese Tour steht ganz im Zeichen des Hochgebirges. Durchweg bieten sich herrliche Blicke auf das Wettersteinmassiv mit Alpspitze und Zugspitze und auf die wilden Felszinnen des Karwendels. Verstreut liegende Bauernhöfe, sattgrüne Buckelwiesen und malerische Bergseen, in denen man im Sommer ein erfrischendes Bad nehmen kann, ergänzen dieses Bild aufs Vortrefflichste. Aber mit das Schönste ist, dass diese Tour durch die Berge viel weniger Anstrengungen erfordert, als man eigentlich erwarten sollte.

13

Von der Isar geht der Blick über Krün zu den Gipfeln des Estergebirges.

VON MITTENWALD NACH KRÜN Vor dem Bahnhof Mittenwald finden wir einen ersten Wegweiser des Isar-Radweges, dem wir rechts zur Dammkarstraße folgen. Auf ihr geht es rechts über die Gleise und an der nahen Kreuzung geradeaus. Wir folgen der nach links knickenden Straße, radeln nach kurzer Fahrt rechts über die Isar und folgen dann der Uferstraße nach links. Nach 300 Metern gelangen wir auf den Radweg, der am Fluss entlangführt. Am Ortsrand knickt er rechts zu einem Sträßchen, auf dem wir nach links radeln. Jetzt fahren wir geradeaus, bis wir vor dem Sportplatz auf eine breite Querstraße treffen, der wir nach rechts folgen. Kurz vor dem Tor der Gebirgsjäger-Kaserne Mittenwald biegen wir rechts in eine Nebenstraße ab, die im Linksbogen unter der B 2 hindurchführt. Wenige Meter vor der Bundesstraße geht es nach rechts und nach kurzer Fahrt vor einem Parkplatz geradeaus auf den Radweg, der anfangs parallel zur B 2 verläuft. Bald führt er abwärts zum Ufer der Isar. Auf nun breitem Weg erreichen wir eine geteerte Querstraße, die uns links über den Seinsbach zu einer Straßengabelung an der B 2 führt. Wir folgen nicht dem Isarradweg an der Bundesstraße entlang nach rechts, sondern biegen scharf rechts in eine Teerstraße ein. Nach 400 Metern gelangen wir bei den Parkplätzen an der Seinsalm rechts auf eine Kiesstraße und fahren an der nächsten Gabelung nach links. Wir folgen dem breiten Hauptweg, der uns bis auf wenige steilere Meter im sanften Auf und Ab durch die stille Landschaft führt. Nach einer Abfahrt liegt links der Isarstausee Krün, über dem die Felsgipfel des Wettersteinmassivs markant aufragen. An der Isar entlang geht es auf dem breiten Weg zu einer Brücke und über sie links ins nahe Krün. Wir radeln geradewegs in den Ort. Nach einem kurzen Berg und dem Obernachkanal biegen wir rechts in die Schöttlkarspitzstraße ein, die uns am Rathaus vorbei zur B 11 bringt.

VON KRÜN ZUM SCHLOSS ELMAU In Krün fahren wir über die B 11 in die Wettersteinstraße, biegen nach wenigen Metern rechts in ein gekiestes Anliegersträßchen ein und folgen dann der schmalen Krottenkopfstraße nach links. Jetzt radeln wir auf dem bald für den allgemeinen Verkehr gesperrten Teersträßchen aus dem Ort und über die herrlich aussichtsreichen Wiesen. Kurz nach dem Ende des Teerbelages gelangen wir an einer Gabelung links zu einer Wegkreuzung am Barmsee, an der der Weiterweg links in einen schmaleren Forstweg biegt. Davor

Tipp

SEHENS- UND WISSENSWERTES

Schon in römischer Zeit verlief eine wichtige transalpine Straße durch das Tal von Mittenwald. Im Mittelalter brachte neben der Flößerei der Handel auf dieser wichtigen Route einigen Wohlstand in den Ort, dem 1305 die Marktrechte verliehen wurden. Im 17. Jahrhundert begründete Matthias Klotz in Mittenwald das Handwerk des Geigenbaus, das bis heute ein wichtiger Wirtschaftszweig ist. Zentrum des Ortes, in dem sich noch viele mit Lüftlmalereien geschmückte Häuser finden, ist der malerische Straßenzug von Obermarkt und Ballengasse. Überragt wird er vom reich bemalten Turm der Pfarrkirche. Das im Kern gotische Gotteshaus wurde Mitte des 18. Jahrhunderts von hervorragenden Künstlern barock umgestaltet. In einem der schönsten und ältesten Häuser von Mittenwald ist das sehenswerte Geigenbaumuseum untergebracht, geöffnet in der Hauptsaison Di bis So 10–17 Uhr, in der Nebensaison 11–16 Uhr.

Schloss Elmau – Nobelhotel mit künstlerischem Flair

gönnen wir uns noch den kurzen Abstecher zum herrlichen Rast- und Badeplatz am Barmsee.

Anschließend geht es zurück zur Wegkreuzung und auf dem schmalen Weg nahe dem Barmsee durch den Wald. Auf den Wiesen von Krün erreichen wir eine schmale Teerstraße, der wir nach rechts folgen. Nach 400 Metern biegen wir rechts in eine Straße ein, die parallel zur B 2 zum Krüner Ortsteil Barmsee führt. An der Gabelung am Ortschild radeln wir links zur nahen Bundesstraße, die wir vorsichtig überqueren. Anschließend geht es geradeaus auf einem Feldweg zum Campingplatz am Tennsee und links durch das Gelände – bis zur Mautstraße führen uns nun die Wegweiser »Klais über Quick«. Wir wechseln auf einen schmaleren Weg, der uns um den Tennsee zu einem Wirtschaftsweg führt. Auf ihm fahren wir links aufwärts und dann über wundervoll aussichtsreiche Wiesen zu einer schmalen Teerstraße. Wir fahren nach rechts über die Bahnlinie zur Hauptstraße, wo es kurz nach rechts und danach links in eine Kiesstraße geht. Auf ihr fahren wir über einen kleinen Hügel und dann geradeaus zur für den G7-Gipfel ausgebauten Teerstraße, der wir nach links folgen. Wir fahren vorbei an der Mautstation – die Straße ist für Radler gebührenfrei – und sanft aufwärts. Nach einem kurzen, etwas steileren Abschnitt erreichen wir die Wiesen, auf denen rechts der Weg zum nahen Hotel im Schloss Kranzbach abzweigt. Wir folgen noch kurze Zeit der Teerstraße und biegen am Ende der Wiesen vor einem Anstieg rechts in einen Forstweg ein, der uns durch ein Tal sanft abwärts zu den aussichtsreichen Wiesen führt, die vom imposanten Schlosshotel Elmau überragt werden. Wir treffen wieder auf die Teerstraße, auf der wir nach rechts radeln.

VON SCHLOSS ELMAU NACH MITTENWALD Nach kurzer Strecke erreichen wir den Abzweig, der links zum Schlosshotel Elmau hinaufführt. Wer in Elmau einkehren will, der kann hier der Straße zum beliebten Gasthof Alpengut Elmau folgen. Links erreicht man von dort, geleitet von der Beschilderung zum Ferchensee, wieder den beschriebenen Weg.

Wir biegen jedoch gleich in die Straße ein, die links zum Schloss Elmau hinaufführt. Vorbei an den Parkplätzen fahren wir auf breiter Forststraße um das Hotelgelände und dann abwärts zu einer Forstwegkreuzung, an der von rechts der Weg vom Alpengut Elmau heraufkommt. Hier geht es geradeaus talaufwärts und über einen steilen, aber nur 250 Meter langen Berg. Der steilste Abschnitt des heutigen Tages liegt nun hinter uns, und am gurgelnden Ferchenbach entlang radeln wir sanft bergauf zum Ferchensee, auf dem sich die wilden Felsabbrüche der Wettersteinwand spiegeln. Vorbei am Gasthof Ferchensee gelangen wir sanft aufwärts auf einen Sattel, auf dem die rasante Schlussabfahrt beginnt.

Bald schmiegt sich links unten der Lautersee, über den der Blick zu den Karwendelgipfeln geht, in eine sanfte Talmulde. Wir erreichen das Kiessträßchen, auf dem wir links einen Abstecher zum herrlichen Lautersee machen. Links um den See radeln wir zur wunderschön an der Nordspitze des Sees gelegenen Lauterseealm. Dort findet man schöne Badeplätze, einen Biergarten direkt am Seeufer und ganz in der Nähe eine malerisch gelegene Kapelle, die sich als per-

Tipp

NOBELHOTELS UND G7-GIPFEL

Schloss Kranzbach wurde in herrlicher Alleinlage ab 1913 nach dem Vorbild schottischer Landsitze für eine reiche Engländerin erbaut. Bedingt durch den ersten Weltkrieg hat die Auftraggeberin das fertige Objekt wohl nie gesehen. Nach wechselvoller Geschichte wurde Schloss Kranzbach 2007 zu einem noblen Hotel umgebaut. Schloss Elmau ließ der Philosoph und Theologe Johannes Müller in den Jahren 1914 bis 1916 als Refugium für Künstler und Intellektuelle errichten. Ab 1997 wurde es zu einem Luxushotel umgebaut. Beide Schlösser stehen unter Denkmalschutz. 2015 und 2022 fand auf Schloss Elmau der G7-Gipfel mit den Führern der wichtigsten Industrienationen statt, wobei Schloss Kranzbach als Dependance für die Unterbringung der Gäste diente.

Wild und ungezähmt – die junge Isar bei Krün

↑ Kapelle mit Karwendelblick – das perfekte Fotomotiv nahe der Lauterseealm
↓ Über dem Lautersee ragt der herbstlich verschneite Karwendelkamm auf.

fektes Fotomotiv anbietet. Nach einer Rast radeln wir um den See zurück zur Teerstraße, der wir weiter abwärts folgen. Bald liegt Mittenwald unter uns und das für den allgemeinen Verkehr gesperrte Sträßchen trifft auf eine breite Vorfahrtsstraße. Auf ihr geht es links abwärts und am Ortsrand von Mittenwald auf der Hauptstraße links Richtung Ortsmitte. Nach wenigen Metern biegen wir rechts in den Mühlenweg, bei nächster Gelegenheit links in die Straße Am Birnbaum und an der folgenden Kreuzung rechts in die Straße Zur Kreidemühle ein. An ihrem Ende folgen wir neben dem Bahnübergang der Vorfahrtsstraße nach links und radeln nach kurzer Fahrt rechts auf der Arnspitzstraße zurück zum nahen Bahnhof Mittenwald.

INFO

HIGHLIGHT
Naturparadies

TOURENCHARAKTER
Die Rundtour ist großteils verkehrsfrei. Lediglich in Mittenwald, Krün und vor Barmsee kurze Strecken auf ruhigen Nebenstraßen. Vor Kranzbach folgt man gut zwei Kilometer einer wenig befahrenen Mautstraße.

AUSGANGS-/ENDPUNKT
Bahnhof Mittenwald

GPS-DATEN
47.4405 N, 11.2655 O

ANFAHRT
Auto: Vom Ende der A 95 bei Eschenlohe auf der B 2 über Garmisch-Partenkirchen nach Mittenwald. Gute Parkmöglichkeiten an der beschriebenen Strecke westlich der Bundeswehrkaserne in Mittenwald.
Bahn: Der Bahnhof Mittenwald liegt an der Bahnlinie von München nach Innsbruck.

WEGVERLAUF
Mittenwald – Krün (10 km) – Schloss Elmau (25 km) – Lauterseealm (32 km) – Mittenwald (36 km)

RADKARTE
ADFC-Regionalkarte 1:75 000, Blatt Bayerische Seen

Mittel | 36 km | 380 Hm | 3.30 Std.

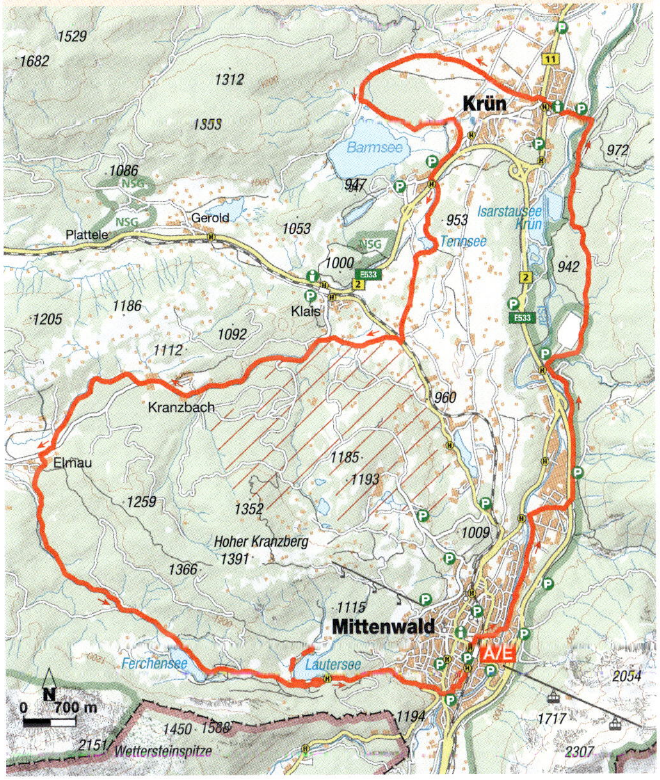

EINKEHR
In Krün, Elmau, am Ferchensee und am Lautersee sowie in Mittenwald

INFORMATION
Touristinfo Mittenwald, Tel. 08823/339 81, www.alpenwelt-karwendel.de

Über die Moore im Loisachtal geht der Blick zur mächtigen Zugspitze.

14

MOORE ZWISCHEN DEN BERGEN

Loisachtal und Murnauer Moos

Zwischen dem Estergebirge und den Ammergauer Alpen zwängt sich die Loisach zum Alpenrand. Dort liegt das wundervolle Murnauer Moos, das einer Vielzahl seltener Tiere und Pflanzen eine Heimat gibt. Unser nahezu flacher Weg führt durch das Loisachtal und rund um das riesige Moorgebiet. Durchweg im Blick bleiben die einsamen Moorflächen und die Berge am Rand der Alpen, die vom wuchtigen Massiv der Zugspitze überragt werden. Wer mit Kindern unterwegs ist, der kann die Tour zu einer einfachen Juniorvariante verkürzen.

VON OBERAU NACH OHLSTADT Vor dem Bahnhof Oberau radeln wir nach links und nach kurzer Strecke wieder links über die Gleise. Nun geht es hoch auf den Loisachdamm, dem wir flussaufwärts nach rechts folgen. Nach 500 Metern überqueren wir die Loisach und fahren an der Kreuzung nach der Brücke geradeaus. Vorbei am Golfplatz führt uns die schmale Teerstraße zu einer Gabelung am Waldrand, an der wir uns links halten. Jetzt radeln wir auf der Kiesstraße am Fuß des Estergebirges, vorbei an mächtigen Schuttströmen und malerischen Moorflächen, zu den Sieben Quellen. Ein kurzer Anstieg führt uns anschließend auf einen Wiesenhügel, von dem sich ein herrlicher Rückblick durch das Loisachtal auf das Zugspitzmassiv bietet. In Eschenlohe radeln wir zu einer Querstraße, auf ihr nach rechts zu einer nahen Kreu-

Tipp

SEHENS- UND WISSENSWERTES

In Eschenlohe beeindrucken einige mit Lüftlmalerei geschmückte Häuser und die barocke, nach Plänen von Johann Michael Fischer erbaute Pfarrkirche mit sehenswerter Ausstattung im Stil von Barock und Rokoko. Zahlreiche alte Bauernhäuser und die barocke Pfarrkirche gibt es in Ohlstadt zu bewundern. Am Ortsrand von Murnau liegt das im Kern gotische Ramsachkircherl, das barock umgestaltet wurde. Das wahrscheinlich bedeutendste Ausstattungsstück ist eine neben dem Altar ausgestellte Glocke. Sie stammt möglicherweise vom stillgelegten Kloster auf der Wörthinsel im nahen Staffelsee. Wohl aus dem 10. bis 12. Jahrhundert ist sie damit eine der ältesten Kirchenglocken in Europa.

Auf einem Hügel am Rand des Murnauer Mooses steht das Ramsachkircherl.

Ein lauschiger Rastplatz am Ortsrand von Ohlstadt

zung und auf der Mühlstraße geradeaus zur Loisachbrücke. Wenige Meter geht es nach rechts und dann links auf der Heubergstraße aus dem Ort. Nach der Brücke über die Eschenlaine halten wir uns links und radeln entspannt an der Loisach entlang. Kurz vor der Eisenbahnbrücke fahren wir an der Gabelung nach rechts und nun permanent geradeaus nach Ohlstadt. Geradewegs geht es durch den Ort bis zur Hauptstraße, dort kurz nach rechts und danach links auf der Loisachstraße zum Bahnhof Ohlstadt.

VON OHLSTADT NACH GRAFENASCHAU

Wir radeln am Bahnhof Ohlstadt vorbei und auf der Loisachstraße durch ein Sägewerksgelände zu einer Querstraße. Auf ihr geht es nach links und an ihrem Ende auf einem Feldweg über die Wiesen zu einer Straße, der wir nach links folgen. Bald fahren wir über die Eisenbahnlinie und rechts unter der A 95 hindurch. Nach der Brücke über die Loisach biegen wir rechts in einen Kiesweg ein, der am Fluss entlang nach Norden führt. An der Gabelung nach einigen Häusern halten wir uns links und folgen kurz darauf den Radwegweisern links zu einer nahen Straße. Auf ihr radeln wir rechts in den Murnauer Ortsteil Hechendorf und biegen dort an der ersten Kreuzung nach links ab. Nach kurzer Fahrt gelangen wir rechts auf den Radweg, der an der B 2 entlangläuft. Kurz nach dem Ortsschild von Murnau erreichen wir eine Wegkreuzung, an der wir der Radwegweisung Richtung Bad Kohlgrub nach links folgen. Wir überqueren vorsichtig die viel befahrene Bundesstraße und radeln dann auf der Ramsachstraße geradeaus zum Rand des Murnauer Mooses. Hier fahren wir wenige Meter vor dem Gasthof Ähndl unterhalb des Ramsachkircherls links über die Ramsach. Nach der Brücke geht es nach rechts und bestens ausgeschildert meist entlang von Ramsach und Lindenbach auf dem breiten Hauptweg mitten durch das herrliche Murnauer Moos. Zum Schluss radeln wir durch Wald, und an einem kleinen See vorbei erreichen wir nach acht Kilometern eine Teerstraße. Wir halten uns links und fahren auf dem Radweg ins nahe Grafenaschau. Auf der sanft ansteigenden Straße kommen wir durch das Dorf zu einer Gabe-

Tipp

MURNAUER MOOS

Das Murnauer Moos ist das größte und bedeutendste naturnah erhaltene Moorgebiet in Mitteleuropa. 23 Quadratkilometer stehen unter Naturschutz und bieten zahlreichen seltenen oder vom Aussterben bedrohten Tier- und Pflanzenarten einen letzten Rückzugsraum. Entstanden ist das Murnauer Moos nach der Eiszeit durch den Wasserstau am langgestreckten Hügelkamm, der das von den Eiszeitgletschern übertiefte Becken nach Norden hin begrenzt. Im südlichen Bereich durchstechen die sogenannten Köchel die Moorflächen. Sie sind aus sehr hartem Quarzit aufgebaut und konnten deshalb von den Eiszeitgletschern nicht vollständig abgetragen werden. Auf ihnen fand man Spuren vorgeschichtlicher und römischer Siedlungen. Bis ins Jahr 2000 wurde am Langen Köchel das Gestein industriell abgebaut. Heute liegt nach der Wiedervernässung des Steinbruchgeländes am Fuß der Quarzitwände ein tiefer, fjordartiger See.

Nahe dem Ramsachkircherl kann man sich über das Murnauer Moos informieren.

Die Wände des alten Steinbruchs überragen den See am Langen Köchel.

lung, an der wir links in die Schwaigener Straße abbiegen.

VON GRAFENASCHAU NACH OBERAU

Auf der für den allgemeinen Verkehr gesperrten Straße verlassen wir Grafenaschau und radeln am Murnauer Moos entlang nach Süden. Über zwei kurze Berge erreichen wir eine Kreuzung, an der links eine schmale Teerstraße abzweigt. Wer Lust hat, der kann hier einen Abstecher zum herrlichen, 40 Meter tiefen See im ehemaligen Quarzitsteinbruch am Langen Köchel machen (zusätzlich 1,5 Kilometer). Hierfür folgt man der schmalen Teerstraße, bis nach wenigen hundert Metern im Wald links Schotterwege zum nahen See abzweigen, der wie ein kleiner Fjord am Fuße der Steinbruchwände liegt.
Zurück am Hauptweg ist nochmals ein kurzer Anstieg zu überwinden, ehe wir über herrliche Wiesen an den verstreut liegenden Bauernhöfen von Schwaig vorbei geradeaus Richtung Eschenlohe radeln. Kurz vor der Autobahn folgen wir den Radwegweisern rechts auf einen geteerten Wirtschaftsweg und biegen an der nächsten Kreuzung nach links ab. Unter die A 95 hindurch nehmen wir eine Unterführung und über die Bahnlinie radeln wir jetzt auf direktem Weg zum Dorfplatz im Ortszentrum von Eschenlohe. Wir folgen der Hauptstraße nach rechts und überqueren nach kurzer Fahrt geradeaus die Loisach. Nach der Brücke biegen wir rechts in die Mühlstraße – für die Kurzvariante biegt man hier nach links ab –, auf der schon der morgendliche Hinweg verlief. Nun folgen wir aber an der nächsten Kreuzung den Radwegweisern Richtung Oberau und Garmisch nach rechts zum Loisachdamm. Auf dem Dammweg radeln wir bis

zur Loisachbrücke in Oberau, über die auf bekanntem Weg der Bahnhof Oberau schnell erreicht ist.

DIE KURZE JUNIORVARIANTE Spart man sich Hin- und Rückweg durch das Loisachtal zwischen Oberau und Eschenlohe, so lässt sich die Runde um das Murnauer Moos auf familienfreundliche 28,5 Kilometer verkürzen. Wer mit dem Auto anreist, beginnt die Tour an der Strecke rund um das Moos – zum Beispiel am Ramsachkircherl oder bei Grafenaschau. Bei öffentlicher Anreise startet man am Bahnhof Ohlstadt, an dem der beschriebene Weg vorbeiläuft. Hinter der Loisachbrücke in Eschenlohe biegt man nicht rechts Richtung Oberau in die Mühlstraße ab, sondern folgt der Wegweisung des Bodensee-Königssee-Radweges links in die Heubergstraße.

INFO

HIGHLIGHT
Naturparadies

TOURENCHARAKTER
Rundtour meist auf verkehrsfreien Rad- und Wirtschaftswegen und für den allgemeinen Verkehr gesperrten Nebenstraßen. Nur in den Ortschaften kürzere Abschnitte auf wenig befahrenen Straßen

AUSGANGS-/ENDPUNKT
Bahnhof Oberau

GPS-DATEN
47.5593 N, 11.1391 O

ANFAHRT
Auto: Vom Ende der A 95 bei Eschenlohe über die B 2 nach Oberau
Bahn: Oberau liegt an der Eisenbahnlinie von München nach Garmisch-Partenkirchen.

WEGVERLAUF
Oberau – Eschenlohe (8 km) – Ohlstadt (13 km) – Gasthof Ähndl (18,5 km) – (Grafenaschau 27,5 km) – Eschenlohe (36,5 km) – Oberau (44 km)

RADKARTE
ADFC-Regionalkarte 1:75 000, Blatt Bayerische Seen

EINKEHR
In Eschenlohe, Ohlstadt, im Gasthof Ähndl bei Murnau, in Grafenaschau und Oberau

Leicht | 44 km | 90 Hm | 3.30 Std.

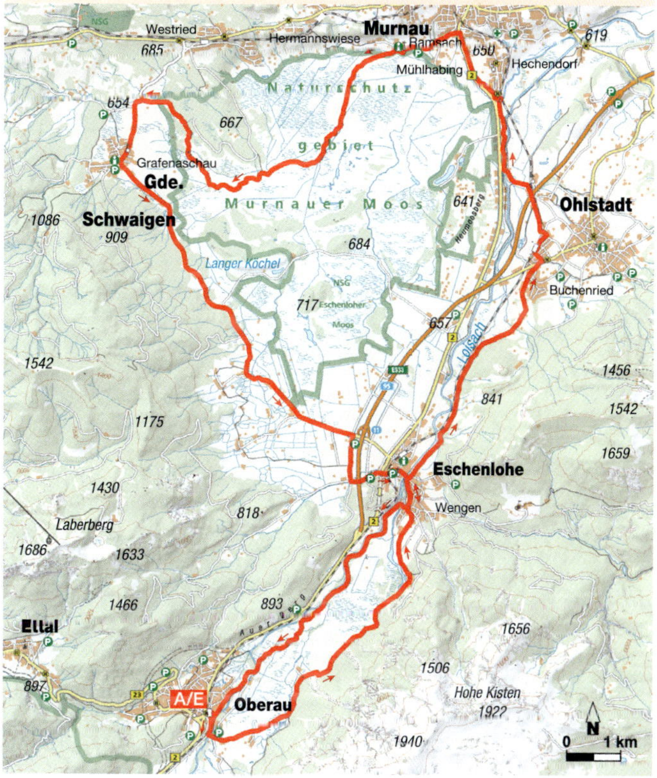

INFORMATION
Touristinfo Oberau,
Tel. 08824/939 73, www.oberau.de

IM BLAUEN LAND

Rund um den Staffelsee

Am Fuß der Alpen liegt auf einem Hügelkamm zwischen Staffelsee und Riegsee im Norden und Murnauer Moos im Süden der hübsche Marktort Murnau. Hier starten wir unsere Tour, die durch das Murnauer Moos und dann rund um den malerischen Staffelsee führt. In der stillen Landschaft fanden die Maler des Blauen Reiters die Motive für ihre Bilder. Auf der heutigen Tour können wir also in natura die Berge, Seen und Moore bewundern, die vor 100 Jahren die Künstler zu ihren farbenfrohen Werken inspirierten.

15

Von der Fußgängerzone in Murnau geht der Blick in die nahen Berge.

Nach Spittelsberg leiten uns Wegweiser durch die einsame Landschaft.

VON MURNAU NACH BAD KOHLGRUB

Vor dem Bahnhof Murnau fahren wir rechts auf einen Radweg und nach kurzer Strecke auf einer Radlerbrücke links über die Hauptstraße. Nach der Brücke geht es nach rechts und nach 200 Metern auf einem schmalen Weg links bergauf und auf einer schmalen Brücke über die B 2. Wir treffen auf einen Weg, der uns rechts abwärts in den Kurpark führt. Nach einem kleinen Teich wechseln wir auf eine schmale Straße und nach 100 Metern geradeaus auf einen Radweg, der nach kurzer Strecke an der Mühlenstraße endet. Sie führt uns rechts unter der Bahnlinie hindurch und endet an der Ramsachstraße, der wir rechts zum Murnauer Moos folgen. Wenige Meter vor dem Gasthof Ähndl radeln wir unterhalb des Ramsachkircherls links über die Ramsach. Nach der Brücke fahren wir nach rechts und bestens ausgeschildert meist entlang von Ramsach und Lindenbach auf dem breiten Hauptweg mitten durch das herrliche Murnauer Moos. Zum Schluss radeln wir durch Wald, und an einem kleinen See vorbei erreichen wir nach

Tipp

BLAUES LAND – KÜNSTLERLAND

Blaues Land heißt die Landschaft am Alpenland rund um Murnau. Ihren Namen verdankt sie dem wundervollen Licht, das Anfang des 20. Jahrhunderts Künstler aus München hierher lockte. Die Maler der Künstlergruppe Blauer Reiter, die später Weltruhm erlangen sollten, entdeckten die Schönheit der Landschaft und ließen sich hier nieder. Wassily Kandinsky, Gabriele Münter, Marianne von Werefkin und Alexej Jawlensky wählten Murnau als Domizil und ihr Freund Franz Marc das nahe Kochel. Gabriele Münter blieb ihr Leben lang in Murnau, und heute werden im Münterhaus Werke von ihr und ihren Weggenossen ausgestellt; geöffnet Di bis So 14–17 Uhr. Das Schlossmuseum von Murnau ist ein weiteres Ziel für Kunstfreunde aus der ganzen Welt, die die farbenfrohen Werke der expressionistischen Maler lieben; geöffnet Di bis So und feiertags 10–17 Uhr, Juli bis September 10–18 Uhr.

Die barocke Pfarrkirche beherrscht das malerische Dorfzentrum von Uffing.

acht Kilometern eine Teerstraße. Wir halten uns links und biegen nach kurzer Fahrt vor Grafenaschau, den Schildern des Bodensee-Königssee-Radweges folgend, rechts in eine Nebenstraße ein. An der folgenden Kreuzung halten wir uns rechts und radeln nun auf einem Kiessträßchen im Lindachtal sanft ansteigend bis zu einer schmalen Teerstraße. Auf ihr geht es links hinauf nach Bad Kohlgrub. Nach einem 200 Meter langen Steilstück erreichen wir die viel befahrene Landstraße, der wir links Richtung Ortszentrum folgen. Bei nächster Gelegenheit biegen wir rechts in die Stegrainer Straße ein.

VON BAD KOHLGRUB NACH UFFING In Bad Kohlgrub folgen wir an einer Weggabelung rechts der Stegrainer Straße, überqueren die Bahnlinie und erreichen nach einem Anstieg über aussichtsreiche Wiesen die nächste Weggabelung. Wir halten uns links und lassen die Räder nach Sprittelsberg hinabrollen. Hier geht es direkt an der Kapelle vorbei und auf dem Teersträßchen abwärts in ein Wiesental. Wir ignorieren die beiden Kieswege, die kurz nacheinander links abzweigen, und wechseln dann geradeaus auf einen unbefestigten Wirtschaftsweg. Auf dem etwas holprigen Forststräßchen geht es an einem Bach entlang, der nach einem Kilometer überquert wird. Nach einem kurzen Anstieg fahren wir an einer ersten Kreuzung geradeaus und an den beiden folgenden jeweils nach rechts. Wir radeln geradeaus zu der Freifläche, auf der einst der schon im 13. Jahrhundert erwähnte Weiler Unkundenwald lag. An die drei Anfang des 20. Jahrhunderts abgetragenen Höfe erinnern nur noch das Backhaus und einige Grundmauern. An den folgenden Kreuzungen fahren wir ohne Probleme immer geradeaus und erreichen nach der Brücke über die Ach im Weiler Brand eine schmale Teerstraße. Nach dem Weiler geht es auf der Querstraße nach rechts und auf dem herrlich aussichtsreichen Sträßchen im Auf und Ab über Harberg geradewegs nach Uffing. Den Radwegweisern Richtung Murnau folgend geht es auf der Schöffauer Straße durch den Ort. Nach einem Rechts-Links-Knick fahren wir unterhalb der Pfarrkirche über die Ach und weiter bis zur Kreuzung vor dem Rathaus von Uffing.

VON UFFING NACH MURNAU Im Zentrum von Uffing wechseln wir auf die vorfahrtberechtigte, viel befahrene Landstraße. Nach kurzer Fahrt kann man rechts einen Abstecher zum Strandbad am Staffelsee unternehmen. Wir folgen jedoch weiterhin der Hauptstraße und biegen am Ortsrand links in die Galveigenstraße ein. An ihrem Ende geht es über die Bahnlinie und danach rechts in einen Kiesweg, der an den Gleisen entlangläuft. Nun radeln wir teils auf Radwegen, teils auf Nebenstraßen an der Bahnlinie entlang zurück nach Murnau. Dort geht es auf der Römerstraße bis zur Hauptstraße, die wir überqueren. Am großen Parkplatz entlang führt uns der Radweg zurück zum nahen Bahnhof Murnau.

Tipp

SEHENS- UND WISSENSWERTES

In Uffing beeindruckt die im Kern gotische, später barock umgestaltete Pfarrkirche mit netter Rokokoausstattung. In Murnau warten der malerische Ortskern an der Marktstraße, die barocke Pfarrkirche, das Schloss mit Schlossmuseum und das Münterhaus auf eine Besichtigung.

INFO

HIGHLIGHT
Naturparadies

TOURENCHARAKTER
Bis auf kurze Abschnitte in Murnau, Bad Kohlgrub und Uffing ist die Rundtour nahezu durchgehend verkehrsfrei.

AUSGANGS-/ENDPUNKT
Bahnhof Murnau

GPS-DATEN
47.6822 N, 11.1930 O

ANFAHRT
Auto: Murnau liegt westlich der A 95 an der B 2 und ist über die Ausfahrt Murnau/Kochel zu erreichen.
Bahn: Murnau liegt an der Bahnlinie von München nach Garmisch bzw. von München nach Oberammergau.

WEGVERLAUF
Murnau – Bad Kohlgrub (16 km) – Uffing (26,5 km) – Murnau (33 km)

RADKARTE
ADFC-Regionalkarte 1:75 000, Blatt Bayerische Seen

Mittel | 33 km | 310 Hm | 3.00 Std.

EINKEHR
Im Gasthof Ähndl am Ortsrand von Murnau, in Bad Kohlgrub, Uffing und Murnau

INFORMATION
TouristInfo Murnau, Tel. 08841/614 10, www.murnau.de

Kornhaus und Pfarrkirche bilden das Zentrum der Altstadt von Schongau.

16

VON SCHONGAU NACH STEINGADEN

Rechts und links vom Lech

Am Hinweg folgen wir der Via Claudia Augusta, der alten Römerstraße, die am Lech entlang nach Augsburg führte. Nach einer Rast am ehemaligen Kloster von Steingaden geht es auf dem Radweg Romantische Straße zurück zur malerischen Altstadt von Schongau.

AM LECH ENTLANG NACH SÜDEN Vor dem Bahnhof Schongau überqueren wir an einer Ampel die Hauptstraße und folgen dem Radweg nach links. Vor der Lechbrücke biegen wir rechts in die Lechuferstraße ein und gelangen bald aufwärts zur Lechstaustufe Schongau. Wir folgen noch kurz geradewegs der Straße und biegen 100 Meter nach dem Abzweig zum Badestrand am Lechstausee scharf links in ein Nebensträßchen ein. Wir radeln am Waldrand entlang und dann geradewegs durch den Wald zu einer Forstwegkreuzung. Hier geht es nach links und immer geradeaus, bis wir auf einem Brückchen die breite B 17 überqueren. Der Weg knickt nach rechts und folgt der Bundesstraße. Nach 500 Metern an einem ersten Brückchen geradewegs vorbei und an der Kreuzung neben der zweiten Brücke nach links. Im Auf und Ab fahren wir auf dem Hauptweg durch den Wald und wechseln nach zwei Kilometern geradewegs auf ein Teersträßchen. Es führt uns über aussichtsreiche Wiesen Richtung Burggen. Biegt man kurz vor Burggen am Schwarzen Kreuz scharf links ab und hält sich dann rechts, kann man einen kurzen Abstecher zur Litzauer Schleife unternehmen, einer malerischen Flussschleife des Lechs. Der Weiterweg führt uns jedoch geradeaus bis zum Sportplatz von Burggen, an dem wir links auf einen Feldweg abbiegen.
Unter schattigen Bäumen radeln wir am Rand von Burggen zur Dessaustraße, auf der wir links das Dorf verlassen. An einer Weggabelung folgen wir den Radwegweisern rechts über den Steinbach und radeln auf dem herrlichen Panoramasträßchen auf die Berge zu. An einer Schranke beginnt die Abfahrt nach Dessau. An der Gabelung nach dem Gut geht es auf dem linken Sträßchen aufwärts zur Lechstaustufe 4. Auf angenehm flacher und aussichtsreicher Straße erreichen wir nach drei Kilometern die Lechstaustufe Urspring, auf der wir den Fluss überqueren. Bald führt die Straße links vom Lechuferweg nach Urspring. Wir radeln auf der Dorfstraße durch das Dorf und folgen am Ortsende den Radwegweisern Richtung Steingaden links auf den Eggweg. Durch die Wiesen

Tipp

SEHENS- UND WISSENSWERTES

Zwei unterschiedliche Sehenswürdigkeiten prägen die heutige Tour. Auf halbem Weg liegt Kloster Steingaden, das in der Mitte des 12. Jahrhunderts vom Adelsgeschlecht der Welfen gegründet wurde. Die im 12. Jahrhundert erbaute Klosterkirche zeigt von außen noch deutlich ihren romanischen Ursprung. Romanisch sind auch noch das Westportal und die Rundkapelle am Eingang in den Klosterbezirk. Im Kreuzgang sind in der Brunnenkapelle gotische Fresken und in der Vorhalle der Kirche Renaissancefresken erhalten. Im Kirchenschiff bestechen die wundervolle Barock- und Rokokoausstattung und das Renaissancechorgestühl.
Zum Abschluss der Tour sollte man sich einen Bummel durch die Schongauer Altstadt nicht entgehen lassen. Im 13. Jahrhundert siedelten die Bewohner des westlich gelegenen Altenstadt auf einen Lechumlaufberg über, der leichter zu verteidigen war. Die Altstadt wird bis heute von der nahezu vollständig erhaltenen mittelalterlichen Stadtmauer mit mehreren Toren und Türmen eingefasst. Den Mittelpunkt bildet der malerische Marienplatz, auf den der Staffelgiebel des mittelalterlichen Ballenhauses mit dem spätgotischen Ratssaal im Obergeschoss schaut. In der nahen barocken Stadtpfarrkirche findet man Werke bedeutender Künstler.

Die überdachte Ausgrabung der römischen Villa von Peiting

Tipp

GUTEN APPETIT

Nach gut der Hälfte der Tour und nach einer ausgiebigen Erkundung der eindrucksvollen Klosteranlage kommt eine Pause in Steingaden gerade recht. Besonders empfehlenswert ist hier die Klosterschänke, die man von der Klosterpforte aus über die Welfenstraße nach wenigen Metern erreicht. Im schattigen Biergarten kann man den Blick über den Klostergarten zur doppeltürmigen Klosterkirche genießen. Die abwechslungsreiche Speisekarte, die Qualität der Gerichte und die freundliche Bedienung lassen keine Wünsche offen, www.klosterschaenke.eatbu.com.

geht es steil auf einen aussichtsreichen Wiesenhügel. Vom Hügel lassen wir die Räder jenseits bergabrollen und radeln geradewegs durch Steingaden bis zur B 17. An einer Ampel überqueren wir die Bundesstraße und erreichen über den Marktplatz das ehemalige Kloster Steingaden.

AUF DEM RADWEG ROMANTISCHE STRASSE NACH SCHONGAU Vom Marktplatz radeln wir nach der Kirchenbesichtigung rechts am Gasthof Zur Post vorbei in eine Gasse und geradewegs weiter zur B 17. Auf der Bundesstraße fahren wir 100 Meter nach rechts und dann links in die Hammerschmiedstraße. An ihrem Ende biegen wir rechts in die Aggensteinstraße ab und folgen an der nächsten Kreuzung der Vorfahrtsstraße nach links. Nach kurzer Fahrt lohnt

↑ Am sehenswerten ehemaligen Kloster in Steingaden

↓ Im Lechstausee Urspring spiegelt sich der Himmel.

↑ Die romanischen Türme des Welfenmünsters überragen den Marktplatz von Steingaden.

↓ Ein malerischer Erker in der Altstadt von Schongau

rechts ein Abstecher zu den Badestellen am Bismarckweiher. Wir radeln aber geradewegs weiter und erreichen nach einer kurzen Abfahrt eine Weggabelung, an der wir uns rechts halten. Im Auf und Ab folgen wir geradewegs dem wundervollen Sträßchen, bis wir nach fünf Kilometern bei Riesen eine sternförmige Kreuzung erreichen. Wir fahren halb rechts Richtung Schongau und halten uns an der Gabelung nach dem kleinen Riesener See rechts.

Im Auf und Ab führt uns das Sträßchen durch Wald und über Wiesen zu einer Querstraße, auf der wir links nach Kreut radeln. An der Kreuzung nach rechts und über die Hügel zur B 17. Kurz vor der Brücke über die Bundesstraße biegen wir rechts in eine schmale Teerstraße ein, die in einen Kiesweg übergeht. Wir treffen auf ein Quersträßchen, das links über die B 17 führt. Nach der Brücke liegt rechts die römische Villa von Peiting. Sie war vom 2. bis zum 4. nachchristlichen Jahrhundert bewohnt. Geradewegs treffen wir auf eine Vorfahrtsstraße, der wir kurz nach links folgen. Wir biegen rechts in eine schmale Teerstraße und radeln geradewegs auf einer Forststraße durch den Wald und über die Lechstaustufe Schongau. Nach der Staustufe halten wir uns an der Kreuzung rechts und fahren auf dem vom Anfang der Tour her bekannten Weg zurück zum Bahnhof Schongau. Möchte man einen Abstecher hoch zur Altstadt von Schongau unternehmen, kann man von der Lechuferstraße den Radwegweisern zur Altstadt folgen. Oder man biegt an der Fußgängerampel vor dem Bahnhof links in die Bahnhofstraße und schiebt die Räder auf einem geteerten Weg hinauf zur nahen Altstadt.

INFO

HIGHLIGHT:
Sehenswürdigkeit

TOURENCHARAKTER
Die Route verläuft, abgesehen von kürzeren Abschnitten in den Ortsgebieten, auf gut zu befahrenden Wirtschaftswegen und auf geteerten, verkehrsarmen Nebenstraßen. Die zahlreichen Steigungen sind nie lang oder steil, in der Summe aber recht fordernd.

AUSGANGS-/ENDPUNKT
Bahnhof Schongau

GPS-DATEN
47.8123 N, 10.9021 O

ANFAHRT
Auto: Bei Schongau kreuzen sich die B 17, B 23 und B 472. Parkmöglichkeit: großer Parkplatz in Schongau südlich der Lechbrücke an der Lechuferstraße. Dazu von der Hauptortsdurchfahrt unmittelbar vor der Lechbrücke in Richtung Badezentrum Plantsch und Elshalle abbiegen.
Bahn: Schongau liegt an der Bahnstrecke, die von Augsburg über Weilheim nach Schongau führt.

WEGVERLAUF
Schongau – Burggen (10 km) – Steingaden (24,5 km) – Schongau (44 km)

Schwer | 44 km | 430 Hm | 4.00 Std.

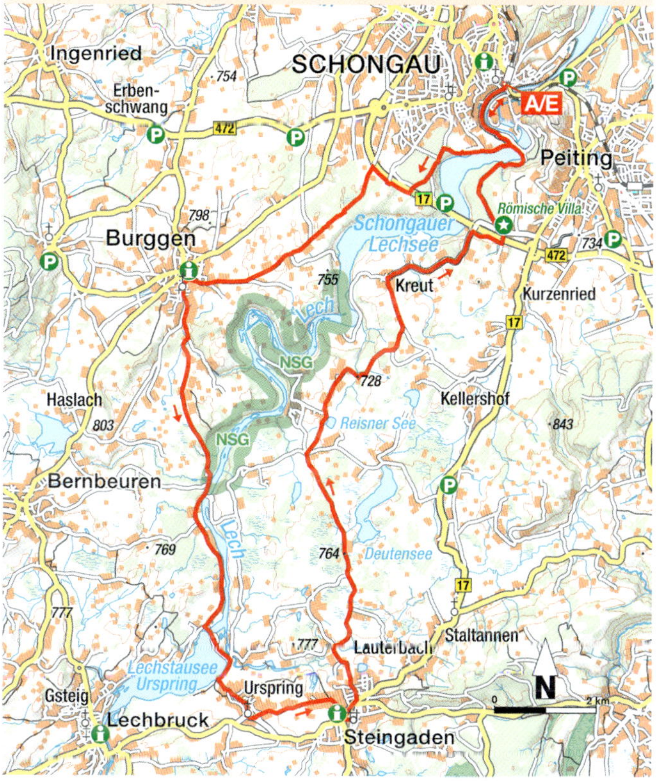

RADKARTE
ADFC-Regionalkarte 1:75 000, Blatt Bayerische Seen

INFORMATION
Touristinfo Schongau, Tel. 08861/21 41 81, www.schongau.de

VON WEILHEIM ZU DEN OSTERSEEN

Durch das stille Oberbayern

Zwischen Weilheim und den viel besuchten Osterseen kann man abseits ausgetretener Touristenpfade die oberbayerische Bilderbuchlandschaft erkunden. Am Weg liegen alte Klöster, malerische Kirchen, einsame Moore und verlockende Badeseen.

17

Der Ettinger Weiher lockt Badegäste mit bester Wasserqualität.

Die Wallfahrtskirche St. Andrä bei Etting, errichtet in herrlicher Alleinlage

ZUR WALLFAHRTSKIRCHE ST. ANDRÄ

Vom Bahnhof Weilheim fahren wir auf der Bahnhofstraße nach rechts zur Münchner Straße. Auf ihr radeln wir kurz nach rechts, dann nach links in die Krumpperstraße und bald nach rechts in die Schöffelhuberstraße. An ihrem Ende geht es kurz nach rechts und anschließend nach links auf der Vötterlgasse zur Eisenkramergasse, der wir nach links folgen. An ihrem Ende biegen wir in die schmale Buxbaumgasse ein, die uns ins Zentrum der Altstadt von Weilheim bringt. Wir folgen den Radwegweisern, die uns geradewegs durch die Stadt und dann über die Felder nach Polling führen. Dort fahren wir auf der Hauptstraße nach links zur Kreuzung, an der die Vorfahrtsstraße nach rechts zur sehenswerten Klosterkirche abknickt.
Wir fahren geradeaus und biegen am Ortsrand nach links in die Obermühlstraße ab. Nach 400 Metern weist uns der Radwegweiser nach rechts auf ein schmales Sträßchen. Jetzt geht es stets geradeaus, vorbei am Ettinger Weiher und über einen Hügel nach Etting. Hier radeln wir rechts an der Kirche vorbei in die Bergstraße, fahren geradewegs über die B 2 und an der folgenden Kreuzung nach rechts. Danach geht es über eine Straße geradewegs zur herrlich gelegenen barocken Wallfahrtskirche St. Andrä.

ZU DEN OSTERSEEN Wir fahren rechts an der Kirche vorbei abwärts zu einer Kreuzung, an der wir scharf nach links abbiegen. Bei nächster Gelegenheit radeln wir rechts auf einen Kiesweg und über einen Hügel zu einer schmalen Teerstraße. Auf ihr geht es nach rechts und bald geradewegs auf einen Kiesweg. Nach einem kurzen Waldstück halten wir uns an einer Kreuzung links und folgen dem Kiesweg, der uns am Waldrand entlang zu einer schmalen Teerstraße führt. Auf ihr fahren wir scharf nach links, 200 Meter steil aufwärts und weiter zu einer Wegkreuzung. Dort biegen wir links ab und gelangen durch ein Tal zum Weiler Egenried. Geradeaus geht es über die Vorfahrtsstraße und auf schmaler Straße zum Pollinger Weiher. An der Kreuzung biegen wir nach links auf eine Forststraße ein, die uns zu einem Quersträßchen bringt. Kurz fahren wir nach links, dann nach rechts abwärts und an der Gabelung vor

Am Weilheimer Marktplatz lässt es sich herrlich rasten.

Obersiffenhofen links nach Antdorf. Hier geht es geradewegs über eine Vorfahrtsstraße und aufwärts zum Kirchplatz. Wir biegen nach links in die Lindenstraße ein, fahren am Sportplatz nach rechts zu einer Querstraße und auf ihr nach links aus dem Dorf. Nun geht es permanent geradeaus, bis wir nach einer holprigen Abfahrt bei Iffeldorf auf eine Querstraße treffen. Nach rechts kann man einen Abstecher ins nahe Iffeldorf unternehmen. Wir fahren jedoch geradeaus und erreichen nach 700 Metern eine Informationstafel, an der nach rechts ein schmaler Weg zur herrlichen Badestelle am Großen Ostersee führt (eineinhalb Kilometer Umweg).

Tipp

WEILHEIM

Weilheim entwickelte sich im Mittelalter zum zentralen Versorgungsort für die zahlreichen Klöster in der Umgebung. Die gute Stube der Altstadt von Weilheim ist der Marienplatz, der mit seinen bunten Hausfassaden und den Straßencafés ein fast südländisches Flair verströmt. Beherrschendes Bauwerk ist die mächtige Pfarrkirche, die am Übergang von der Gotik zum Barock entstand.

ÜBER DIE HÜGEL NACH WEILHEIM Wir folgen weiterhin dem Sträßchen und biegen vor dem Gut Schwaig nach rechts auf einen Wirtschaftsweg ein. Auf dem teils etwas holprigen Weg geht es im Auf und Ab nach Unterlauterbach, dort auf der Straße kurz nach links aufwärts und dann nach rechts auf eine Forststraße. Wir radeln geradewegs bis kurz vor Ellmann und folgen dann den Radwegweisern nach links aufwärts Richtung Hohenkasten. Auf Höhe des Hofes Tradfranz fahren wir rechts am Rand der Wiesen entlang und erreichen eine Gabelung, an der wir uns rechts halten. Vorbei am Weiler Eichendorf erreichen wir eine Vorfahrtsstraße, die geradewegs überquert wird. Wir folgen einer schmalen Straße und biegen nach einem Kilometer nach rechts Richtung Wolfetsried ab. Dort geht es an der Gabelung nach links und nach 800 Metern auf einer Querstraße wieder nach links. Nach einem Anstieg treffen wir in Magnetsried auf die Landstraße, die geradewegs überquert wird. Wir radeln sanft aufwärts zu einer Weggabelung am Ortsrand und folgen den Radwegweisern nach rechts. An der nächsten Gabelung halten wir uns links und folgen dem aussichtsreichen Weg, der uns durch das Magnetsrieder Hardt, das als Kreuzotterschutzgebiet ausgewiesen ist, zur Hardtkapelle führt. Hier treffen wir auf eine schmale Teerstraße, der wir nach links folgen. Wir radeln geradewegs durch das Hügelland und erreichen nach einer schwungvollen Abfahrt den Stadtrand von Weilheim. Hier überqueren wir geradewegs die Ringstraße und radeln auf der Hardtkapellenstraße zur Römerstraße. Auf der Radlerspur geht es nach links und nach 300 Metern nach rechts in die Straße Am Betberg. Vor dem Friedhof knickt die Radspur kurz nach links ab und führt danach nach rechts auf der Krumpperstraße zur B 2, die geradewegs überquert wird. An der nächsten Kreuzung treffen wir auf den morgendlichen Hinweg. Nach links geht es zur Altstadt von Weilheim, geradeaus auf bekanntem Weg zurück zum Bahnhof.

INFO

HIGHLIGHT
Naturparadies

TOURENCHARAKTER
Die Tour verläuft durchgehend auf verkehrsfreien, teils unbefestigten Wegen oder auf verkehrsarmen Nebenstraßen. Verteilt auf die gesamte Strecke sind zahlreiche Anstiege zu überwinden.

AUSGANGS-/ENDPUNKT
Weilheim, Bahnhof

GPS-DATEN
47.8451 N, 11.1435 O

ANFAHRT
Auto: A 95/A 952 und B 2 nach Weilheim
Bahn: Weilheim liegt am Kreuzungspunkt der Bahnlinie München–Garmisch mit der Linie Augsburg–Schongau.

WEGVERLAUF
Weilheim – Polling (3,5 km) – Antdorf (24,5 km) – Iffeldorf (27,5 km) – Magnetsried (39 km) – Weilheim (49 km)

RADKARTE
ADFC Regionalkarte 1:75 000, Blatt Bayerische Seen

Schwer | 49 km | 460 Hm | 4.30 Std.

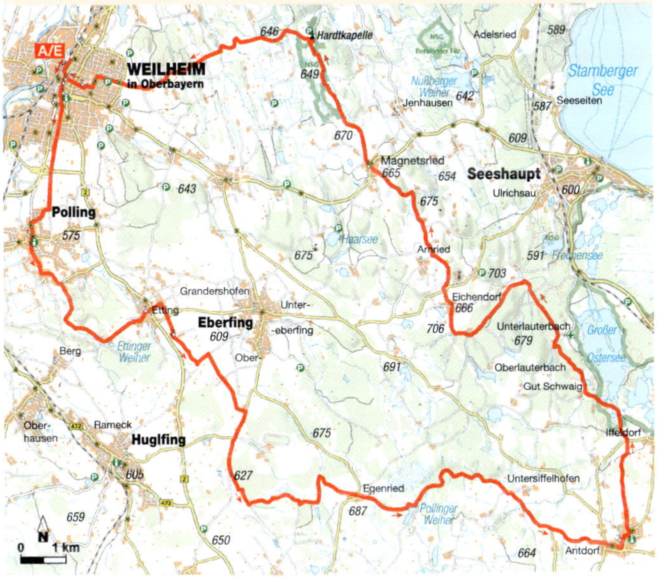

EINKEHR
In Polling, Antdorf, Magnetsried und Weilheim

INFORMATION
Touristinfo Weilheim,
Tel. 0881/682 53 03 und 52 01,
weilheim.de

Auf der ganzen Tour bleibt das mächtige Zugspitzmassiv im Blick.

18

DIE LAPTOP- UND LEDERHOSENTOUR

Genusstour bei Raisting

Immer wieder wird als schlagkräftiges Bild für das bekannte Bayernimage vom Laptop mit Lederhose das barocke Wallfahrtskirchlein St. Johann gewählt, das von den gewaltigen Satellitenschüsseln der Erdfunkstelle Raisting überragt wird. Hier in Raisting starten wir unsere Runde durch die sanften Täler von Ammer und Rott. Ein Abstecher führt in die hübsche Altstadt von Weilheim mit ihren zahlreichen Cafés. Vorbei am magischen Eibenwald von Paterzell und an den Biergärten von Stillern und Raisting kehren wir zum Ausgangspunkt zurück.

VON RAISTING NACH WEILHEIM Vom Bahnhof Raisting radeln wir links auf schmalem Weg an den Gleisen entlang über die nahe Eisenbahnbrücke zu einem Sträßchen. Auf ihm fahren wir nach links, wieder an den Gleisen entlang und nach kurzer Fahrt geradewegs auf eine Vorfahrtsstraße. Nach wenigen Metern halten wir uns an der Straßengabelung rechts und fahren am Badesee von Raisting vorbei zum weithin sichtbaren Radom. Wir folgen der Straße, die nach der letzten der riesigen Satellitenschüsseln deutlich schmaler wird. Vor der Wallfahrtskirche St. Johann knickt sie rechts zu einer Wegkreuzung, an der wir uns links halten. Nach einem Blick in das Kirchlein und einer kurzen Pause auf einer der herrlich aussichtsreichen Rastbänke lassen wir die Räder einen kurzen Berg hinabrollen. An der nächsten Kreuzung geht es auf dem Teersträßchen nach links und an der folgenden geradewegs auf einen Kiesweg, auf dem wir bis zur Bahnlinie fahren. Wir halten uns

Tipp

SEHENS- UND WISSENSWERTES

Mit 2300 Bäumen, die verstreut in einem 90 Hektar großen Wald wachsen, bietet der Wald von Paterzell einen der größten Eibenbestände in Deutschland. Schon 1913 wurde der Eibenwald als Naturdenkmal unter besonderen Schutz gestellt, und seit 1939 ist er als Naturschutzgebiet ausgewiesen. Heute kann man den Wald mit seinen teilweise jahrhundertealten Eiben, denen magische Kräfte zugeschrieben werden, auf einem Eibenlehrpfad erkunden.

Science Fiction in Oberbayern – die Erdfunkstelle bei Raisting

Tipp

RAISTING UND DIE ERDFUNKSTELLE

Raisting geht, wie archäologische Funde vermuten lassen, möglicherweise auf die römische Straßenstation Urusa zurück, die an der Kreuzung zweier römischer Fernstraßen lag. Die Pfarrkirche ist dank ihrer hübschen Rokokoausstattung einen Besuch wert. Was das Dorf jedoch weithin bekannt macht, ist die Erdfunkstelle, die weltweit größte ihrer Art. Mit ihren enormen Satellitenschüsseln, die einen Spiegeldurchmesser von bis zu 32 Metern aufweisen, bietet sie einen eigenwilligen Kontrast zur urbayerischen Landschaft ringsum. Als erste Anlage wurde in den 1960er-Jahren das sogenannte Radom erbaut. Aus Schutz vor Umwelteinflüssen wurde die Schüssel mit einer riesigen, durch Überdruck in Form gehaltenen Kugelhülle umgeben, die einen Durchmesser von fast 50 Metern hat. Im heute stillgelegten Radom, das unter Denkmalschutz steht, ist ein kleines Technikmuseum untergebracht, geöffnet von Juni bis Oktober am 1. und 3. Samstag des Monats 14–17 Uhr, Gruppenführungen auch nach Anmeldung, www.radom-raisting.de.

rechts und erreichen eine Kreuzung, von der wir links über die Ammer radeln. 200 Meter nach der Brücke folgen wir den Radwegweisern rechts auf den Ammerdamm. Nun bleiben wir immer auf dem östlichen Dammweg und erreichen nach 4,5 Kilometern die Ammerbrücke in Weilheim, unter der wir durchradeln. Nach weiteren 500 Metern erreichen wir eine Radlerbrücke, an der unser Weg später über den Fluss führt. Davor leisten wir uns aber noch einen Abstecher in die sehenswerte Altstadt von Weilheim. Wir biegen links in den schmalen Badeweg ein, queren eine Straße und radeln anschließend unter der Bahnlinie hindurch zur Schwaigerstraße. Wenige Meter fahren wir nach links und dann rechts auf der Kormannstraße zum Altstadtring, über den wir schräg rechts zum Theaterplatz radeln. An seinem Ende geht es in die schmale Theatergasse. Wir folgen dem Lauf der alten Stadtmauer zur Pöltnerstraße, die uns links zum Kirchplatz führt. Geradeaus schieben wir unsere Räder durch die Fußgängerzone an der Stadtkirche vorbei zum nahen Marienplatz, der guten Stube im Herzen der Altstadt von Weilheim.

VON WEILHEIM NACH PATERZELL Vom Marienplatz kehren wir nach einer Rast auf gleichem Weg zur Radlerbrücke zurück, auf der wir die Ammer überqueren. Jenseits folgen wir dem Dammweg nach links, radeln unter der Eisenbahnbrücke hindurch und wechseln nach einem Kilometer auf eine schmale Teerstraße, die uns geradewegs nach Oderding führt. An der ersten Kreuzung geht es rechts in die Unterdorfstraße und geradewegs zu einer Kreuzung außerhalb des Dorfes, die wir nach 400 Metern erreichen. Hier fahren wir nach links und auf einem geteerten Weg immer geradeaus, bis wir kurz vor Peißenberg einen Querweg erreichen. An dieser Stelle geht es nach rechts und am Fuß eines Wiesenhügels zum Ortsrand von Peißenberg. Wir treffen auf eine Vorfahrtsstraße, der wir rechts hinauf folgen. Nach dem harmlosen Anstieg lockt ein aussichtsreiches Bänkchen zu einer Rast, ehe wir unseren Weg fortsetzen. Die Straße knickt nach links und führt uns am Haltepunkt Peißenberg-Nord über die Bahnlinie zu einer Kreuzung. Wir biegen rechts auf die untergeordnete Straße, und radeln in leichtem Auf und Ab geradewegs durch eine bezaubernde Landschaft über einen Höhenrücken. Nach zweieinhalb Kilometern kommen wir durch den Weiler Kugelsbühl und fahren auf schmalem Sträßchen

Südlich von Raisting führt der Weg am Johanniskirchlein vorbei.

Ein aussichtsreiches Bänkchen oberhalb von Peißenberg

durch Wald und über Wiesen. Nach einer Abfahrt biegen wir kurz vor dem Segelfluggelände Paterzell rechts auf einen Kiesweg ein. Vor dem Zellsee radeln wir auf dem geteerten Quersträßchen links zu einer Wegkreuzung an der Moosmühle. Wir halten uns rechts und fahren auf einem Wirtschaftsweg sanft ansteigend zu einer weiteren Wegkreuzung. Links hinauf führt ein Abstecher zum Gasthof Eibenwald in Paterzell.

VON PATERZELL NACH RAISTING Wir folgen aber den Radwegweisern Richtung Wessobrunn nach rechts. Nach kurzer Fahrt kann man von der Forststraße aus den Eibenwald von Paterzell erkunden. Wir wählen aber den Hauptweg, der uns zum Ufer des Zellsees hinabführt. Nach einem kurzen, steilen Anstieg treffen wir hinter dem Zellsee-Hof auf eine Straße. Nun geht es kurz nach rechts und vor der Kreuzung links zu einer Unterführung, die unter der Landstraße hindurchführt. Auf der anderen Seite fahren wir auf dem Radweg kurz nach links und dann rechts in eine schmale Nebenstraße. Nach einer Schranke radeln wir auf der schmalen Straße durch das idyllische Tal der Rott. Rechts schlängelt sich der Fluss durch den Talgrund, und Bissspuren weisen auf einen fleißigen Biber hin. Wir erreichen eine Wegkreuzung, an der wir rechts dem nun auf kurzer Strecke unbefestigten Sträßchen durch das Tal folgen. Bald setzt wieder Teerbelag ein und kurz darauf erreichen wir den malerischen Weiler Stillern. Hier hat sich der Biergarten am Biohof der Familie Grenzebach zu einem beliebten Radlertreffpunkt entwickelt. Auf jetzt wieder öffentlicher Straße geht es durch das Tal zurück ins nicht mehr allzu weit entfernte Raisting. Wir radeln vorbei am Gasthof Post geradewegs durch das Dorf und überqueren neben der Pfarrkirche die Hauptstraße. Auf dem Kirchenweg geht es am Rathaus vorbei zur Bahnlinie. Rechts erreicht man nach wenigen Metern den Bahnhof Raisting.

INFO

HIGHLIGHT
Naturparadies

TOURENCHARAKTER
Bis auf kürzere Strecken auf verkehrsarmen Nebenstraßen verläuft die Rundtour auf verkehrsfreien Straßen und Wegen.

AUSGANGS-/ENDPUNKT
Bahnhof Raisting

GPS-DATEN
47.9119 N, 11.1142 O

ANFAHRT
Auto:
Von der Ausfahrt Greifenberg an der A 96 über die Staatsstraße 2055 nach Dießen am Ammersee und nach dem Ort rechts auf der Kreisstraße ins nahe Raisting. Oder vom Ende der A 952 in Starnberg über die B 2 bis kurz vor Weilheim und dann rechts über Pähl nach Raisting.
Bahn:
Raisting liegt an der Bahnlinie, die von Augsburg über Weilheim nach Schongau führt.

WEGVERLAUF
Raisting – Weilheim (12,5 km) – Paterzell (28 km) – Raisting (38 km)

RADKARTE
ADFC-Regionalkarte 1:75 000, Blatt Bayerische Seen

Leicht | 38 km | 100 Hm | 3.00 Std.

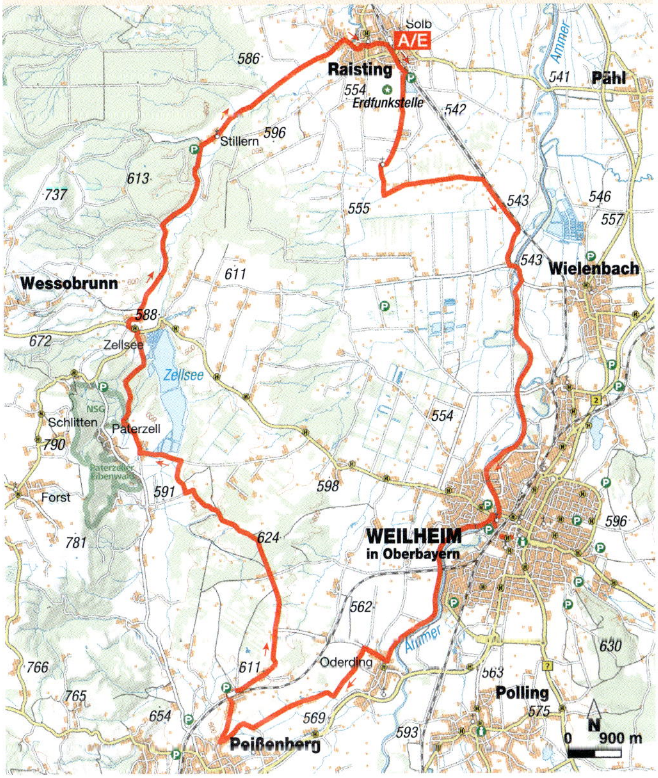

EINKEHR
In Weilheim, Oderding, Paterzell, Stillern und Raisting

INFORMATION
Touristinfo Weilheim, Tel. 0881/682 53 25 33, www.weilheim.de

Der malerische Dorfweiher
von Mörlbach

MÜNCHNER SÜDEN, FÜNFSEENLAND UND LECHRAIN

Wundervolle Landschaften, alte Städte
und ehrwürdige Klöster
abseits des Trubels

Der heilige Berg von Andechs wird von der herrlichen Klosterkirche gekrönt.

19

HEILIGER BERG UND BADEFREUDEN

Vom Starnberger See nach Andechs

Ein wenig Mühe kostet es schon, von Tutzing aus das Hügelland zu erkunden, das die Eiszeitgletscher zwischen Starnberger See und Ammersee aufgetürmt haben. Belohnt wird man dafür aber mit herrlich weiten Ausblicken und einem Bad im idyllischen Maisinger See. Für die Stärkung von Geist und Körper sorgt der Heilige Berg von Andechs mit Klosterkirche und Bräustüberl. Wer zum Schluss nochmals eine Abkühlung sucht: Am Starnberger See warten zahlreiche Badestellen.

VON TUTZING NACH ANDECHS Am Bahnhof Tutzing schieben wir die Räder unter der Bahnlinie hindurch zum Parkplatz an der Ostseite der Gleise. Oder wir folgen vom Bahnhofsgebäude der Bahnhofstraße zur Heinrich-Vogl-Straße. Auf ihr geht es unter der Bahnlinie hindurch und dann auf dem Beringerweg an den Gleisen entlang zu den Parkplätzen. Wir radeln an den Bahngleisen entlang nach Süden und treffen auf die Landstraße. Auf dem Radweg fahren wir nach rechts ab und nach einem kurzen Anstieg folgen wir den Radwegweisern rechts auf die schmale Monatshauser Straße. Sie führt uns über einen mehrstufigen, anstrengenden Anstieg durch den schattigen Wald aufwärts zu einer Wiese. In sanftem Auf und Ab gelangen wir geradewegs zu einer Querstraße, der wir nach rechts folgen. Nach 250 Metern biegen wir links auf einen Wirtschaftsweg ab, der uns zur B 2 bringt. Vorsichtig überqueren wir die Bundesstraße und fahren dann auf einem angenehmen Sträßchen abwärts zum Gut Kerschlach. Wir folgen der schmalen Straße, die rechts im Bogen um den Gutshof herumführt. Am Beginn eines steileren Anstieges biegen wir links in eine breite Forststraße ein, die uns über einen Hügel zu einer Wegkreuzung bringt.

Wir halten uns links und stoßen nach einem Kilometer neben einem Holzkreuz auf eine breite Kiesstraße. Auf dieser fahren wir nach rechts und an den nächsten beiden Gabelungen jeweils auf dem Hauptweg nach rechts. Nun fahren wir auf dem teils etwas steinigen Weg immer geradeaus und wechseln nach zweieinhalb Kilometern geradewegs auf eine schmale Teerstraße, die uns durch den Wald nach Erling führt. Wir radeln geradeaus durch den Ort, bis wir vor der Kirche auf die Hauptstraße treffen, die wir überqueren, um rechts der Andechser Straße zu folgen. Sie führt uns zum Parkplatz am Fuß des Hügels, auf dem Kloster Andechs liegt. Links geht es hinauf zu Kloster, Klosterkirche und Bräustüberl.

VON ANDECHS NACH PÖCKING Wir biegen vor dem Parkplatz unterhalb Kloster Andechs rechts in den Birkenmoosäckerweg ein, der vor dem nahen Minigolfplatz nach

Tipp

SEHENS- UND WISSENSWERTES

Die im Kern romanische Dorfkirche von Aschering schmückt ein bemerkenswertes barockes Deckenfresko. Das Naturschutzgebiet am Maisinger See ist ein Paradies für Vogelliebhaber. Der dichte Schilfgürtel, der den See umgibt, bietet ein ideales Brutrevier für seltene Wasservögel. Am Maisinger Seehof liegt der einzige Zugang zum See, der ein Bad im braunen Moorwasser ermöglicht.
In dem im Jahr 1536 erbauten Renaissanceschloss Possenhofen, das später mehrfach umgestaltet wurde, verbrachte Kaiserin Sissi ihre Jugendjahre. Hier wurde sie auch häufig vom jungen Ludwig II. besucht, der vom gegenüberliegenden Schloss Berg mit dem Boot zu seiner geliebten Cousine übersetzte. Auf der Roseninsel, der einzigen Insel im Starnberger See, ließ Ludwig II. rund um das kleine Schlösschen einen Rosengarten anlegen, dem die Insel ihren Namen verdankt. Geschichtlich bedeutender ist allerdings die steinzeitliche, vor 5000 Jahren errichtete Pfahlbausiedlung, die im flachen Wasser an der Insel entdeckt wurde. Sie gehört zum UNESCO-Welterbe Prähistorische Pfahlbauten um die Alpen. Das in einem Park am Seeufer gelegene Barockschloss in Tutzing beherbergt heute die Evangelische Akademie.

links knickt. Jetzt radeln wir vorbei am Parkplatz bis zu einer Gabelung vor einem Feldkreuz, an der wir rechts auf einen Kiesweg abbiegen. Er führt kurz steil aufwärts, schwenkt am Waldrand nach rechts und führt dann geradewegs zur Landstraße. Jenseits auf dem Radweg geht es nach links und bei nächster Gelegenheit den Radwegweisern folgend rechts auf einen Feldweg. An der Gabelung auf den Wiesen halten wir uns rechts und biegen an der Kreuzung wenige Meter nach dem Waldrand nach links ab. Sanft aufwärts gelangen wir zu einer Gabelung, an der wir uns links halten. Am höchsten Punkt knickt der etwas holprige Weg nach links ab und führt uns geradewegs zu einer schmalen Teerstraße. Auf ihr fahren wir nach links und nach 300 Metern rechts auf einen Forstweg. Im Auf und Ab folgen wir immer den Radwegweisern Richtung Aschering durch den Wald und gelangen zum Schluss auf schmaler Teerstraße über aussichtsreiche Wiesen sanft abwärts nach Aschering. Geradewegs radeln wir bis

↑ Die Dorfschmiede in Erling erinnert an vergangene Zeiten.

↓ Nur einen Badeplatz gibt es im Naturschutzgebiet am Maisinger See.

zur Ortsdurchfahrtsstraße und auf ihr nach rechts. Nach kurzer Fahrt geht es hinter der Kirche links in den Pöckinger Weg und an der Gabelung am Ortsrand links in den Maisinger Seeweg. Wir radeln über die Wiesen zu einer Weggabelung vor einem Hügel und biegen rechts auf einen herrlich aussichtsreichen Kiesweg ab.
Nach dem Brückchen über den Weiherbach folgen wir dem breiten Hauptweg, der uns durch das Naturschutzgebiet zur Gaststätte Maisinger Seehof und zur idyllischen Badestelle am Maisinger See führt. Von dort radeln wir nach einer ausgiebigen Rast oder einem erfrischenden Bad wenige Meter zurück zum Waldrand. Wir biegen an der Gabelung nach links und nach einem Brückchen wieder nach links ab. Nun folgen wir dem schmalen Kiesweg und erreichen nach einem kurzen Anstieg eine Wegkreuzung. Hier halten wir rechts auf Pöcking zu und fahren bald unter der B 2 hindurch. Auf einem steinigen Feldweg geht es aufwärts nach Pöcking. Am Ortsrand erreichen wir

Tipp

DER HEILIGE BERG VON ANDECHS

Anstelle einer Burg, deren Kapelle wohl schon seit 1130 Ziel einer Wallfahrt war, entstand im 15. Jahrhundert hoch über dem Ammersee auf dem »Heiligen Berg« das Kloster Andechs. Dank wertvoller Reliquien entwickelte es sich schnell zu einem der wichtigsten Wallfahrtsorte in Bayern. Die Klosterkirche wurde Mitte des 18. Jahrhunderts im Stil der Zeit umgestaltet und zählt seither zu den schönsten Rokokokirchen in Bayern. In der Heiligen Kapelle werden die wertvollen mittelalterlichen Reliquien und die bedeutenden Kunstwerke des Kirchenschatzes aufbewahrt. Unterhalb der hoch aufragenden Kirche schmiegen sich die Klostergebäude an den Berghang. Hier kann man nicht nur im Klosterladen einkaufen, sondern auch auf der Terrasse des Klosterbräustüberls zünftig essen und das berühmte Andechser Klosterbier probieren. Prost!

Auf stillen Wegen geht es durch die herrliche Landschaft.

Die Geschichte von Schloss Possenhofen und der späteren Kaiserin Sisi sind eng miteinander verknüpft.

eine schmale Straße, auf der wir links zur Hauptstraße und wieder links durch Pöcking radeln.

VON PÖCKING NACH TUTZING Wir biegen in Pöcking kurz nach einer Ampelkreuzung von der Hauptstraße rechts in die Alte Bahnhofstraße ein. An einer Gabelung geht es links in die Franziska-Günther-Straße und am nahen Ortsrand geradewegs auf den Niederpöckinger Weg. Auf dem etwas holprigen Weg gelangen wir abwärts zu einer breiten Teerstraße, die rechts über die Bahnlinie führt und in einen schmalen Weg übergeht. Wir treffen auf einen Querweg, der uns rechts zu einer Kreuzung vor den Parkplätzen am Erholungsgebiet Possenhofen bringt. Den Radwegweisern folgen wir nach rechts und am Ende des Parkplatzgeländes links zur Landstraße, die wir überqueren. Wir radeln rechts durch das parkartige Freizeitgelände Possenhofen und dann zwischen See-

ufer und Schloss Possenhofen zu einer Teerstraße. Auf ihr geht es nach links und nach den Gebäuden geradeaus auf einen Kiesweg. An der nächsten Gabelung radeln wir nach links und am Ufer des Starnberger Sees entlang zum Strandbad Feldafing, das rechts umfahren wird.
Kurz darauf erreichen wir den Fähranleger zur Roseninsel. Immer am Seeufer entlang geht es weiter nach Garatshausen. Der Seeuferweg schwenkt etwas vom Ufer weg. Am Strandbad Garatshausen erreichen wir wieder das Ufer des Starnberger Sees und radeln nun vorsichtig auf schmalem, von vielen Fußgängern benutztem Weg am Nordbad vorbei ins nahe Tutzing. Auf schmalem Sträßchen erreichen wir das Schloss Tutzing, vor dem unser Weg nach rechts abknickt. Nach kurzer Fahrt geht es links in die Monsignore-Schmid-Straße und an der nächsten Kreuzung rechts zur nahen Hauptstraße. Auf ihr fahren wir wenige Meter nach rechts und danach links in die Hallbergerallee, die an der Bahnhofstraße endet. Rechts hinauf gelangen wir wieder zum Bahnhof Tutzing.

INFO

Schwer | 40 km | 410 Hm | 3.30 Std.

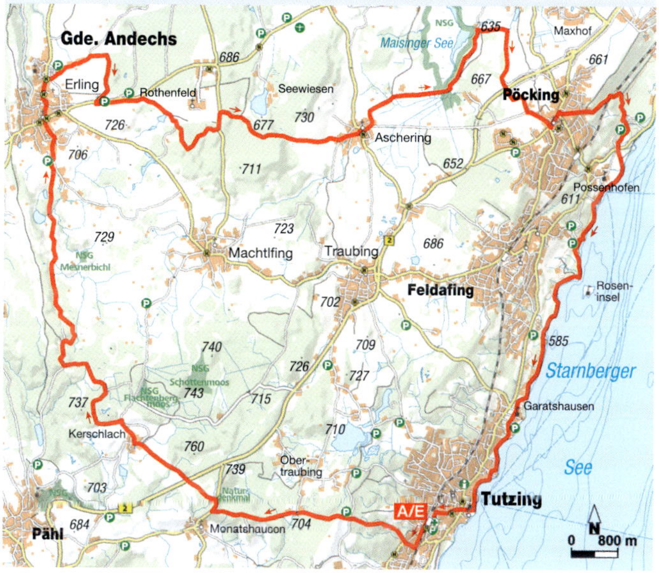

HIGHLIGHT
Sehenswürdigkeit

TOURENCHARAKTER
Rundtour großteils auf verkehrsfreien Wirtschaftswegen und kürzere Abschnitte auf verkehrsarmen Nebenstraßen. Nur in Tutzing, Erling und Pöcking auf wenigen hundert Metern etwas stärkerer Verkehr

AUSGANGS-/ENDPUNKT
Bahnhof Tutzing

GPS-DATEN
47.9071 N, 11.2729 O

ANFAHRT
Auto:
Tutzing liegt am Ostufer des Starnberger Sees. Von Starnberg, das am Ende der A 952 liegt, über die Staatsstraße 2063 am See entlang nach Tutzing.
Bahn:
Tutzing liegt an der Bahnstrecke von München nach Garmisch und ist außerdem von München aus mit der S6 zu erreichen

WEGVERLAUF
Tutzing – Andechs (15 km) – Pöcking (29 km) – Tutzing (40 km)

RADKARTE
ADFC Regionalkarte 1:75 000, Blatt Bayerische Seen

EINKEHR
Im Gut Kerschlach, in Erling, Andechs, am Maisinger See, in Pöcking, Possenhofen und Tutzing

INFORMATION
Touristinfo Tutzing, Tel. 08158/25 88 50, www.tutzing-tourismus.de

BERGBLICK UND BADEGLÜCK

Am Ostufer des Starnberger Sees

Südlich von München hat die Zunge des eiszeitlichen Würmgletschers das langgezogene, von Moränenwällen begrenzte Becken hinterlassen, in das sich heute der Starnberger See schmiegt. Wir beginnen die Tour in Starnberg am Nordende des Sees und erkunden zuerst das Hügelland im Osten, das mit malerischen kleinen Dörfern und herrlichen Zugspitzblicken begeistert. Zurück geht es am Ostufer des Starnberger Sees, wo uns im Sommer die zahlreichen herrlichen Badeplätze kaum vorwärtskommen lassen.

20

In Ammerland führt der Bootsanlegesteg weit in den Starnberger See hinaus.

VON STARNBERG NACH MÜNSING Vor dem Bahnhof Starnberg radeln wir nach rechts. Unser Weg schwenkt rechts in die Kaiser-Wilhelm-Straße. An einem Linksknick folgen wir den Radwegweisern Richtung Percha nach rechts, radeln unter der Bahnlinie hindurch und dann an der vierspurigen B 2 entlang. Der Radweg schwenkt wenige Meter nach der Würmbrücke nach rechts und endet an einer Straße, der wir nach links folgen. Nun geht es auf der viel befahrenen Straße durch Percha zu einer Ampelkreuzung, an der wir geradeaus fahren. Nach kurzer Strecke radeln wir an einer Linkskurve geradeaus in die schmale Harkirchener Straße. An der Gabelung neben dem Malteserstift geht es rechts abwärts und auf stillem Sträßchen an Mahnthal vorbei zu einer Weggabelung.

Wir radeln links hinauf ins nahe Harkirchen und geradeaus, auf der Neufahrner Straße zu einer Weggabelung im Wald. Hier folgen wir rechts auf einer Forststraße den Radwegweisern durch den Wald. An einer ersten Kreuzung radeln wir geradeaus, und nach eineinhalb Kilometern biegen wir an einer Gabelung nach rechts ab. Es geht über einen Hügel, an der Gabelung am Waldrand halten wir uns links nach Mörlbach und fahren dort geradeaus weiter zur Ortsdurchfahrt. Wer einen Abstecher zum netten Kirchlein von Mörlbach unternehmen möchte, der folgt der Straße wenige Meter nach links und biegt dann rechts auf den Stephaniweg ein.

Unser Weiterweg folgt aber der Durchfahrtsstraße nach rechts. Nach einer Abfahrt treffen wir auf die Kreisstraße, die uns rechts über aussichtsreiche Wiesen ins nahe Bachhausen führt. Wir radeln geradewegs durch den Ort und folgen am Ortsrand hinter einem Brückchen den Radwegweisern Richtung Münsing nach links auf ein schmales Sträßchen. Bald geht es auf einem Wirtschaftsweg aufwärts nach Biberkor und an der großen Montessorischule vorbei. An der Straßenkreuzung nach den Gebäuden fahren wir nach rechts und an der folgenden Kreuzung links auf der Teerstraße abwärts zur Landstraße, die überquert wird. Wir radeln am Sportgelände von Höhenrain vorbei auf einen Kiesweg und nach einem Kilometer auf der unbefestigten Sibichhausener Straße nach links. An der folgenden Gabelung fahren wir nach rechts und sanft aufwärts zum Hof von Schwabbruck. An der Kreuzung geht es geradeaus und auf schönem Weg in sanftem Auf und Ab am Waldrand entlang nach Münsing. Wir radeln geradewegs in den Ort, überqueren eine Vorfahrtsstraße und erreichen rechts über die Schmiedgasse die Hauptstraße.

Tipp

REICHES STARNBERG

Der Ort wurde dank einer frühen Bahnverbindung im 19. Jahrhundert von der Münchener Oberschicht entdeckt, die sich in dieser idyllischen Lage am See ihre Villen bauen ließ. Bis heute gilt Starnberg nach wie vor als Rückzugsgebiet der Reichen und Prominenten und verfügt über das höchste Pro-Kopf-Einkommen in Deutschland. Die herrliche Landschaft am zweitgrößten See im Alpenvorland bietet in Kombination mit der Nähe zur Großstadt München einen unvergleichlichen Freizeitwert. Über der Stadt thront in beherrschender Lage das ehemalige Schloss, das jedoch mit der Nutzung als Behördensitz jeglichen Glanz eingebüßt hat. Einen Besuch wert ist dagegen die alte Pfarrkirche St. Joseph, die von namhaften Künstlern im Stil des Rokoko ausgestattet wurde. Ein besonders herausragendes Kunstwerk ist der Hochaltar von Ignaz Günther.

Barocker Kirchturm und Maibaum im Bilderbuchdorf Münsing

Tipp

SEHENS- UND WISSENSWERTES

Die Geschichte der kleinen Kirche von Harkirchen reicht bis ins 8. Jahrhundert zurück. Im 18. Jahrhundert wurde das mittelalterliche Gotteshaus barockisiert, erhalten blieb eine Anzahl spätgotischer Figuren. Die unscheinbare Stephanskirche in Mörlbach beherbergt einige der wertvollsten Kunstwerke in weitem Umkreis. Sie ist mit spätgotischen Fresken ausgemalt und auch das spätgotische Chorgestühl blieb erhalten. Besondere Bedeutung haben aber die beiden herrlichen spätgotischen Altäre aus der Zeit um 1500. In Berg erinnert die neuromanische Votivkapelle an den Tod von Ludwig II. Unterhalb dieser markiert ein Kreuz im See jene Stelle, an der der Märchenkönig den Tod fand.

VON MÜNSING NACH STARNBERG In Münsing überqueren wir die Hauptstraße und radeln auf der Degerndorfer Straße zum Ortsrand hinauf. Dort folgen wir den Radwegweisern Richtung Holzhausen auf einen Kiesweg, von dem sich ein fantastischer Panoramablick auf die Alpen bietet. Wir folgen stets dem breiten Hauptweg und treffen nach zweieinhalb Kilometern auf eine schmale Vorfahrtsstraße, auf der wir rechts nach Holzhausen radeln. Hier fahren wir auf der Landstraße nach rechts und nach 200 Metern links in die nach Reichenkam ausgeschilderte Nebenstraße. Auf ihr geht es über einen Berg hinauf nach Reichenkam und dort rechts auf einen nach Ammerland ausgeschilderten Wirtschaftsweg. Wir folgen immer dem breiten Hauptweg und erreichen nach zwei Kilometern am Ortsrand von Ammerland eine schmale Teerstraße, die uns links zur Südlichen Seestraße bringt. Auf ihr fahren wir rechts ins Ortszentrum und dort links in die Nördliche Seestraße.

Bestens von den Radwegweisern geleitet radeln wir nun, vorbei an zahlreichen Badestellen, am Ufer des Starnberger Sees nach Leoni. Am Ortsende biegen wir vor einem Anstieg links in den Parkweg ein und folgen den Radwegweisern durch den Park, bis wir in Berg auf die Wittelsbacherstraße treffen. Auf ihr geht es links kurz steil abwärts und an der nächsten Gabelung links Richtung See. Wir folgen der Seestraße, bis uns die Radwegweiser links auf einen schmalen Kiesweg weisen. Auf ihm radeln wir am Seeufer entlang an einladenden Badestellen vorbei durch das Erholungsgebiet Kempfenhausen. Zum Schluss kommen wir am großen Parkplatz vorbei und fahren kurz darauf an der Gabelung nach den Seestubn Percha nach rechts. Wir schwenken links auf den Schiffbauerweg und folgen ihm bis vor die vierspurige B 2. An dieser Stelle treffen wir auf den morgendlichen Hinweg. Auf ihm fahren wir links an der Bundesstraße entlang durch Starnberg und dann geradewegs über eine Kreuzung und unter der Bahnlinie hindurch zur Kaiser-Wilhelm-Straße, auf der wir links zum Bahnhof Starnberg zurückradeln.

INFO

HIGHLIGHT
Naturparadies

TOURENCHARAKTER
Rundtour großteils auf für den allgemeinen Verkehr gesperrten Wegen und Straßen, kürzere Abschnitte auch auf verkehrsarmen Nebenstraßen. Nur im Stadtgebiet von Starnberg stärkerer Verkehr möglich

AUSGANGS-/ENDPUNKT
Bahnhof Starnberg

GPS-DATEN
47.9963 N, 11.3430 O

ANFAHRT
Auto:
Von der A 95 über das Autobahnkreuz Starnberg und die A 952 nach Starnberg.
Bahn:
Starnberg liegt an der Bahnstrecke von München nach Garmisch und ist von München aus mit der S6 zu erreichen.

WEGVERLAUF
Starnberg – Münsing (17,5 km) – Ammerland (25 km) – Leoni (32 km) – Starnberg (38,5 km)

RADKARTE
ADFC-Regionalkarte 1:75 000, Blatt Bayerische Seen oder Blatt München/Alpenvorland

EINKEHR
In Münsing, Ambach, Leoni, Berg, Percha und Starnberg

INFORMATION
Touristinfo Starnberg, Tel. 08151/906 00, www.sta5.de

Mittel | 38,5 km | 200 Hm | 3.30 Std.

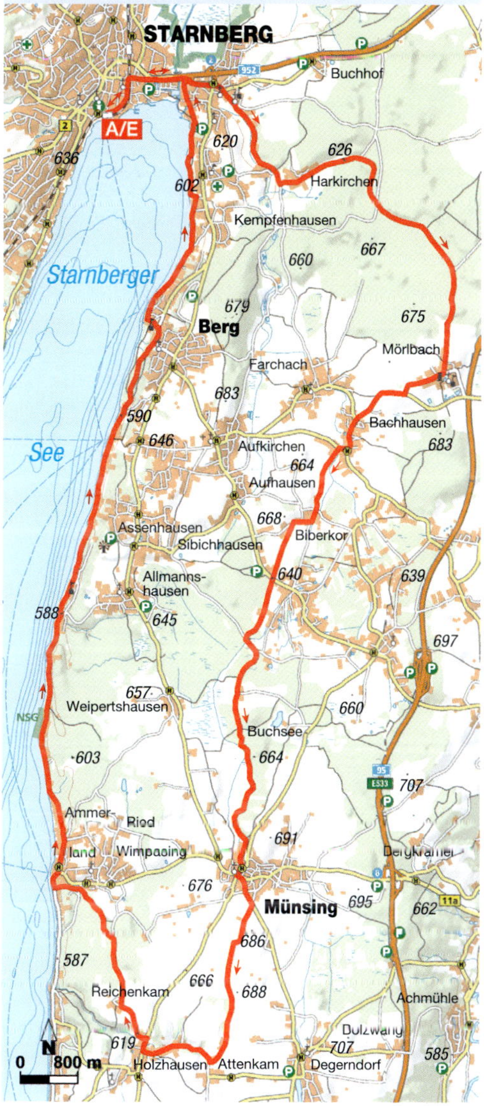

Die mächtigen Erdwälle der keltischen Viereckschanze von Buchendorf.

21

KELTEN, RÖMER, WITTELSBACHER

Von Gauting ins Würmtal

Vom Südrand der Münchener Schotterebene leitet uns diese Tour über die Endmoräne des eiszeitlichen Würmgletschers zum ehemaligen Gletscherbecken, dessen Nordende das Leutstettener Moos bedeckt. Am Weg liegen eine mächtige Keltenschanze, ein römischer Gutshof und das Wittelsbacherschloss von Leutstetten. Der Rückweg nach Gauting folgt der Würm, die ein enges Tal in die Endmoräne geschnitten hat.

VON GAUTING NACH BUCHENDORF

Vom Bahnhof Gauting fahren wir auf der Hauptstraße kurz nach links und vor der Unterführung rechts in die Hubertusstraße. Wir folgen ihr, bis wir nach 800 Metern an einer Gabelung rechts in die Nimrodstraße abbiegen. An ihrem Ende geht es geradewegs auf einen Radweg und an der folgenden Kreuzung rechts zu einer schmalen Straße. Wir fahren wenige Meter nach rechts und dann links zur Grubmühlerfeldstraße, der wir nach links folgen. An der Kreuzung vor der Grubmühle geht es rechts zur Landstraße. Auf dem Radweg fahren wir nach rechts und dann über die Straße in einen Kiesweg, der uns bald in den Wald führt. An einer ersten Wegkreuzung radeln wir an einer Informationstafel geradeaus und nach einem kurzen Anstieg biegen wir an der nächsten Kreuzung links in den nach Forstkasten ausgeschilderten Weg ein, der uns durch den Wald zum Ausflugslokal Forstkasten führt. Hinter dem Biergarten halten wir uns rechts auf der Zufahrtsstraße und fahren nach kurzer Strecke über die breite Hauptstraße. Auf der Forststraße geradeaus passieren wir nach einem Kilometer die Preysingsäule. Danach ignorieren wir einen ersten, rechts abzweigenden Weg und biegen nach 350 Metern an einer Kreuzung auf einer kleinen Lichtung nach rechts ab. Nun erreichen wir die Felder vor Buchendorf. Bald zweigt ein Weg zur Keltenschanze ab. Der Weiterweg führt uns jedoch geradeaus ins nahe Buchendorf, durch das wir bis zur Kreuzung vor der Kirche radeln.

VON BUCHENDORF NACH LEUTSTETTEN

Wir wechseln in Buchendorf an der Kreuzung vor der Kirche auf die Hauptstraße. Nach 50 Metern nehmen wir links den Leutstettener Weg und folgen an der Weggabelung am Ortsrand dem geteerten Wangener Weg links. Bald geht es rechts in den Wald und nach zwei Kilometern schräg links über eine schmale Teerstraße. Wir radeln auf dem Hauptweg durch den Wald und über Wiesen zum Ortsrand von Wangen. An der Weggabelung fahren wir rechts auf der Angerstraße zur vorfahrtberechtigten Wildmoosstraße, auf der wir rechts aus dem Dorf radeln. Nach einer Abfahrt biegen wir in den ersten Feldweg nach links ein. Über die Wiesen und einen Waldbuckel gelangen wir zu einer Wegkreuzung. Hier fahren wir nicht links nach Starnberg, sondern geradeaus. An der nächsten Kreuzung wechseln wir auf ein Teersträßchen, das uns links um einen Gutshof nach Heimatshausen führt. Geradewegs ra-

Tipp

IN UND UM LEUTSTETTEN

Dass das um das Jahr 800 erstmals urkundlich erwähnte Leutstetten auf uraltem Kulturboden liegt, davon zeugt die in der Nähe ausgegrabene römische Villa Rustica. Vom Landgut sind heute noch die Grundmauern des Hauptgebäudes zu sehen und Teile der antiken Fußbodenheizung des Badehauses. Auf dem Moränenrücken über dem Ort liegen die Wallanlagen der mittelalterlichen Karlsburg. Einer höchst unwahrscheinlichen Legende nach soll in der Anfang des 14. Jahrhunderts zerstörten Burg Karl der Große zur Welt gekommen sein. Die Steine der Burg wurden im 16. Jahrhundert für den Bau des Leutstettener Schlosses verwendet. 1875 kauften die Wittelsbacher das Schloss, das nicht besichtigt werden kann. Umso schöner ist ein Stopp in der beliebten Schlosswirtschaft, die im Besitz von Prinz Luitpold von Bayern ist. Auch ein Blick in die kleine romanische Kirche St. Alto lohnt. Sehenswert sind der wertvolle spätgotische Pfingstaltar und das barocke Tafelbild der drei heiligen Jungfrauen.

Tipp

SEHENS- UND WISSENSWERTES

Die Preysingsäule wurde 1735 zum Dank für die Genesung des Großkanzlers Max Emanuel von Preysing errichtet, der hier bei einer Jagd vom Pferd gestürzt war. Die Keltenschanze bei Buchendorf gehört mit ihren mächtigen Wällen zu den besterhaltenen ihrer Art. Erbaut wurde sie in spätkeltischer Zeit. Die romanisch-gotische Michaelskirche wurde im 17. Jahrhundert barockisiert. Im Inneren sind Fresken aus dem 16. Jahrhundert und zahlreiche qualitativ hochwertige Figuren im Stil von Spätgotik, Barock und Rokoko zu sehen. In Gauting erinnert nichts an die römische Siedlung und das Kastell Bratananium. Es bewachte den Übergang über die Würm an der Fernstraße Via Julia. Am südlichen Ortsrand liegt die Reismühle, die schon seit dem Mittelalter hier steht. Heute beherbergt sie zahlreiche Künstlerateliers.

deln wir durch die Siedlung abwärts und vor dem Leutstettener Moos auf der Querstraße rechts. Nach 200 Metern folgen wir den Radwegweisern durch das Moor und durch den Wald und erreichen nach zwei Kilometern eine Kreuzung, an der wir uns links halten. Nach kurzer Fahrt biegt am Waldrand ein Weg zur nahen Ausgrabungsstelle der römischen Villa Rustica ab. Unsere Route knickt hier nach rechts ab und führt uns über aussichtsreiche Wiesen zum Ortsrand von Leutstetten. Hier fahren wir nach links und vorbei am Schloss Leutstetten aufwärts zu einer Querstraße, auf der links bald die Schlosswirtschaft in Leutstetten erreicht wird.

VON LEUTSTETTEN NACH GAUTING In Leutstetten folgen wir der Zufahrtstraße, die vorbei am Kirchlein hinab ins Würmtal führt. Dort treffen wir auf die Landstraße, auf der wir links die Würm queren. Kurz nach der Brücke biegen nehmen wir rechts einen Kiesweg, der uns zu einer Querstraße

Am Rand des Leutstettener Mooses erbauten die Römer ein Landgut.

bringt. Wir radeln rechts über die Würm und fahren vor der Landstraße links auf einen Radweg. Nach kurzer Strecke überqueren wir die Straße und radeln links am Forsthaus Mühltal vorbei. Nach einigen kurzen Anstiegen wird die Strecke flach, und wir folgen dem Weg an der Würm. Über Wiesen radeln wir an der Reismühle vorbei zum Sportplatz von Gauting und auf einem Radweg weiter bis zur viel befahrenen Münchener Straße. Auf ihr geht es links über die Würm zur großen Kreuzung im Zentrum von Gauting. Geradewegs führt uns die Bahnhofstraße hinauf zum Bahnhof Gauting. Wer die Tour nicht am Bahnhof begonnen hat, biegt an der großen Kreuzung rechts in die Grubmühlerfeldstraße ein und trifft am Ortsrand von Gauting auf die beschriebene Route.

INFO

HIGHLIGHT
Sehenswürdigkeit

TOURENCHARAKTER
Rundtour großteils auf verkehrsfreien Rad- und Wirtschaftswegen mit kürzeren Abschnitten auf verkehrsarmen Nebenstraßen. Nur auf der Ortsdurchfahrt in Gauting muss man kurzzeitig mit stärkerem Verkehr rechnen.

AUSGANGS-/ENDPUNKT
Bahnhof Gauting

GPS-DATEN
48.0706 N, 11.3768 O

ANFAHRT
Auto: Gauting liegt zwischen München und Starnberg im Tal der Würm an der Staatsstraße 2063. Gute Parkmöglichkeiten an der Gaststätte Forstkasten an der Straße zwischen Gauting und Neuried.
Bahn: Der Bahnhof Gauting liegt an der Bahnlinie von München nach Garmisch und ist von München aus mit der S6 zu erreichen.

WEGVERLAUF
Gauting – Buchendorf (8,5 km) – Leutstetten (21,5 km) – Gauting (29 km)

RADKARTE
ADFC-Regionalkarte 1:75 000, Blatt Bayerische Seen oder Blatt München/Alpenvorland

Leicht | 29 km | 170 Hm | 2.30 Std.

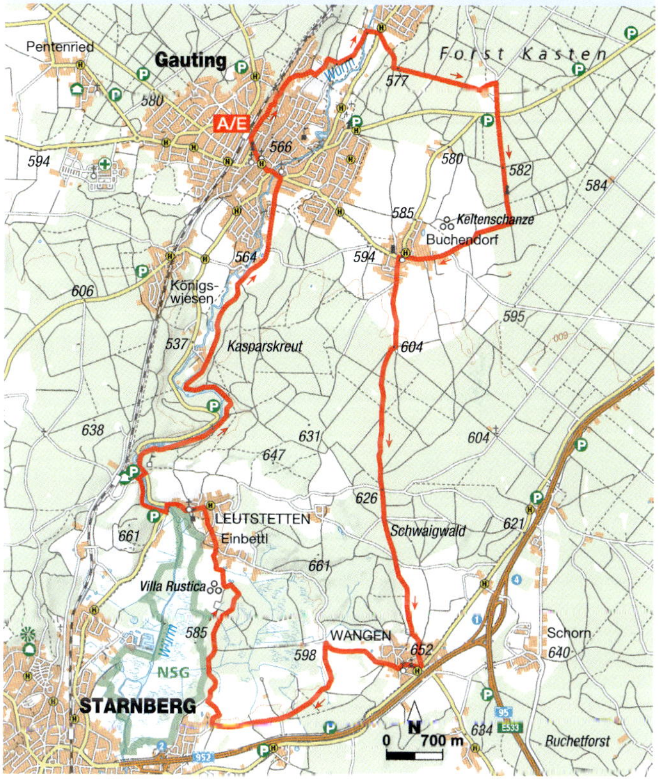

EINKEHR
Im Forsthaus Kasten, in Buchendorf, Leutstetten und Gauting

INFORMATION
Touristinfo Starnberg, Tel. 08151/906 00, www.sta5.de

DURCH DAS FÜNFSEENLAND

Im Norden von Herrsching

Diese Runde führt uns an vier der fünf Seen vorbei, denen das Fünfseenland seinen Namen verdankt. Vom Ammerseeufer aus radeln wir nach Norden in das von den eiszeitlichen Moränenwällen geprägte Hügelland. Wir genießen die herrlich weiten Blicke ins Umland und zu den Alpen. In sanft geschwungen Mulden verstecken sich Pilsensee, Wörthsee und Weßlinger See. Anschließend kehren wir in weitem Bogen zurück zum Ostufer des Ammersees.

22

Über den Pilsensee geht der Blick zum Schloss von Seefeld.

Auf dem Weßlinger See spiegelt sich der markante Turm der Weßlinger Kirche.

VON HERRSCHING NACH WESSLING Am Bahnhof Herrsching wenden wir uns nach links und radeln auf der Ladestraße geradewegs zu einer Vorfahrtsstraße. Auf ihr geht es wenige Meter nach links und vor dem Bahnübergang rechts auf einen Radweg, der uns an den Gleisen entlang durch das Herrschinger Moos führt. Nach zweieinhalb Kilometern wechseln wir geradewegs auf eine schmale Teerstraße, die uns an der Bahnstrecke entlang nach Hechendorf führt. Nach dem Strandbad Pilsensee radeln wir an der Kreuzung geradeaus auf die Vorfahrtsstraße, die uns zur Landstraße leitet. Auf ihr fahren wir links unter der Bahnlinie hindurch und anschließend aufwärts ins Ortszentrum von Hechendorf. Wir biegen rechts in die Günteringer Straße und nach 350 Metern links in den Steinebacher Weg ein. Nach kurzer Strecke folgen wir an einer Gabelung den Radwegweisern rechts auf einen Wirtschaftsweg, der uns über zwei aussichtsreiche Wiesenkuppen geradewegs zum Ortsrand von Steinebach bringt. Hier geht es rechts in die Kiebitzstraße und an deren Ende links zur nahen Auinger Straße, der wir nach rechts folgen. Sie führt uns links zur Landstraße, die wir überqueren. Wir radeln auf der Bahnhofstraße aufwärts und dann am S-Bahnhof Steinebach vorbei zur Wesslinger Straße. Auf ihr fahren wir rechts an der Bahnlinie entlang, die nach 400 Metern rechts überquert wird. Nach der Brücke geht es auf der Kiesstraße links hoch und durch den Wald, bis wir an einer Gabelung dem Radwegweiser Richtung Weßling links auf die Felder folgen. Wir fahren geradeaus und erreichen so am Ortsrand von Weßling vor einer Unterführung eine Kreuzung. Hier radeln wir nach links und an der Landstraße entlang zu einer Fußgängerampel. Wer sich einen Abstecher zum Weßlinger See gönnen möchte, der überquert die Hauptstraße und erreicht nach kurzer Strecke das Seeufer.

Tipp

SEHENS- UND WISSENSWERTES

Der Jexhof ist ein denkmalgeschützter Dreiseithof aus dem 19. Jahrhundert. Heute ist in dem einsam gelegenen Einödhof ein Bauernhofmuseum untergebracht. Neben zwei Dauerausstellungen gibt es wechselnde Sonderausstellungen, zahlreiche Veranstaltungen, wie Brauchtumsfeste und Handwerkstage und eine kleine Wirtschaft; geöffnet Mitte April bis Anfang November und Anfang Dezember bis Anfang Februar, Di bis Sa 13–17 Uhr, So und feiertags 11–18 Uhr. Die Mitte des 18. Jahrhunderts nach einem Brand wiederaufgebaute barocke Pfarrkirche in Inning mit ihrem weithin sichtbaren Zwiebelturm besitzt eine sehenswerte Ausstattung. Besonders beachtenswert sind die Deckenfresken von Christian Wink mit ihren romantischen Landschaftsdarstellungen. Herrsching besitzt die längste Seepromenade Deutschlands mit zahlreichen Gasthöfen, Cafés und verschiedenen Badestellen. Hier findet man auch das sogenannte Kurparkschlösschen, die 1895 errichtete ehemalige Villa des Malers Ludwig Scheuermann. Am nördlichen Ortsrand liegt der Archäologische Park, der weit in die Geschichte von Herrsching zurückführt. Hier stieß man bei Ausgrabungen auf die Fundamente einer Kirche aus dem 7. Jahrhundert und auf ein Adelsgrab aus dem frühen Mittelalter. Heute dient die rekonstruierte Kirche als kleines Museum.

VON WESSLING ZUM JEXHOF Wir folgen jedoch in Weßling dem nach links abknickenden Sträßchen und biegen nach wenigen Metern rechts in die Schulstraße ein. Nun geht es geradewegs durch den Ort und an der Kreuzung nach der Kirche links auf die Bahnhofstraße. Noch vor dem nahen Bahnhof Weßling hilft uns links eine Unterführung unter der Bahnlinie hindurch. Jenseits fahren wir wenige Meter nach rechts und dann links zu einer Kreuzung, an der wir rechts den Radwegweisern in die Straße Bacheläcker folgen. An der nächsten Gabelung geht es rechts in die Tannenbergerstraße und links auf dem Mischenrieder Weg aus dem Ort. Vor dem Gutshof Mischenried biegen wir an der Gabelung nach links ab und wechseln an der folgenden Kreuzung von der engen Teerstraße auf einen schmalen Wirtschaftsweg. Vor der A 96 erreichen wir eine Teerstraße, auf der wir links unter der Autobahn hindurchradeln. Bei erster Gelegenheit biegen wir rechts in einen Kiesweg ein, der uns rechts um einen Teich herum zu einer Forststraße führt. Wir biegen nach rechts ab und radeln auf dem breiten Hauptweg in sanftem Auf und Ab geradewegs zu den Wiesen am Jexhof. Rechts geht es über den Parkplatz zum Bauernhofmuseum und zur kleinen Wirtschaft.

VOM JEXHOF NACH INNING An der Kreuzung am Jexhof kann man zwischen zwei Wegvarianten wählen. Die eine führt auf der geteerten Zufahrtsstraße abwärts zur Kreisstraße, auf der man dann links über einen langgezogenen Anstieg nach Mauern radelt. Die schönere, aber kurzzeitig etwas holprige Variante führt links auf einen Forstweg, auf dem ein Naturlehrpfad verläuft. Im Auf und Ab gelangen wir zu einer Weggabelung, an der wir dem breiteren Weg nach links folgen. Am Waldrand fahren wir auf dem breiten Weg nach rechts und nach 200 Metern an der nächsten Kreuzung links auf einen holprigen, grün bewachsenen Feldweg. Auf dem erdigen Weg, der nach und nach besser wird, geht es durch die Felder aufwärts und nach einem Rechtsknick abwärts zur Kreisstraße. Auf ihr gelangen wir links durch Mauern zu einer Vorfahrtsstraße, der wir nach rechts folgen. Nach wenigen Metern biegen wir links in den Inninger Weg ein, der in einen Wirtschaftsweg übergeht. Jetzt folgen wir immer geradewegs im Auf und Ab den Radwegweisern Richtung Inning durch den Wald. Nach drei Kilometern erreichen wir den Waldrand, überqueren kurz darauf eine Straße und radeln unter der A 96 hindurch und geradeaus zu einer Querstraße. Rechts abwärts führt sie geradeaus ins Ortszentrum von Inning.

VON INNING NACH HERRSCHING Wir biegen aber nach der Abfahrt am Ortsrand von Inning bei erster Gelegenheit links in die Sportstraße ein, der wir bis zu ihrem Ende folgen. Wenige Meter geht es nach rechts und dann links auf dem Enzenhofer Weg zur Leitenstraße, auf der wir nach rechts fahren.

↑ ↓ Das Bauernhofmuseum im Jexhof lockt mit wechselnden Sonderausstellungen.

Kurz vor der Landstraße biegen wir links in einen Kiesweg ein, der am Inninger Bach entlangführt. An der Kreuzung kurz nach einem Teich fahren wir rechts zur Landstraße, die geradewegs überquert wird. Vor dem Schulzentrum geht es links in einen geteerten Feldweg, der uns entlang der Landstraße nach Buch bringt. Hier radeln wir rechts in die Hauptstraße, an der folgenden Gabelung rechts in die Seestraße und nach kurzer Strecke vor der Kapelle links in die Breitbrunner Straße. Jetzt geht es auf dem bald für den Kraftverkehr gesperrten Sträßchen nach Breitbrunn. Wir überqueren schräg rechts die Landstraße und radeln auf dem Sträßchen Am Königsberg aufwärts. Vor der Kirche fahren wir auf der Jaudesbergstraße nach links und an ihrem Ende rechts zu einer nahen Vorfahrtsstraße. Wir folgen ihr kurz rechts hinab und biegen danach links in die schmale Ellwanger Straße

↑ Im Indianerland – Totempfähle beim Dörfchen Mauern

↓ Im Herbstlicht präsentiert sich der Weßlinger See besonders malerisch.

ein. Nur auf den ersten Metern geht es etwas steiler aufwärts und dann recht sanft über einen bewaldeten Hügel nach Ellwang. Dort biegen wir an der Querstraße nach rechts ab und radeln im Auf und Ab auf dem Panoramasträßchen, das uns mit herrlichen Blicken nach Andechs und zu den Alpen belohnt, nach Rausch. Wir fahren rechts um den Weiler und dann auf der Rauscher Straße steil abwärts nach Herrsching. Dort wechseln wir auf eine Vorfahrtsstraße und radeln nach 300 Metern über die Hauptstraße auf einen Radweg, dem wir am Ufer des Ammersees entlang – vorbei an schönen Badeplätzen – nach links folgen. Der Weg schwenkt nach kurzer Strecke wieder links zur Hauptstraße und bald treffen wir nach der Bahnüberführung auf den Hinweg. Rechts führt uns die Ladestraße zurück zum Bahnhof Herrsching.

INFO

HIGHLIGHT
Sehenswürdigkeit

TOURENCHARAKTER
Rundtour meist auf verkehrsfreien Wirtschaftswegen, kurze Abschnitte auch auf verkehrsarmen Nebenstraßen. Nur in Ortschaften schwacher bis mäßiger Verkehr

AUSGANGS-/ENDPUNKT
Bahnhof Herrsching

GPS-DATEN
47.9981 N, 11.1707 O

ANFAHRT
Auto: Auf der A 96 zur Ausfahrt Oberpfaffenhofen und die Staatsstraße 2068 nach Herrsching.
Bahn: Herrsching ist von München aus mit der S8 zu erreichen.

WEGVERLAUF
Herrsching – Weßling (12,5 km) – Jexhof (20 km) – Inning (27 km) – Herrsching (39 km)

RADKARTE
ADFC-Regionalkarte 1:75 000, Blatt Bayerische Seen

EINKEHR
Hechendorf, Steinebach, Weßling, Jexhof, Inning, Breitbrunn, Herrsching

INFORMATION
Touristinfo Herrsching, Tel. 08152/52 27, www.herrsching.de

Mittel | 39 km | 390 Hm | 3.30 Std.

Im Auf und Ab geht es durch das stille Hügelland westlich des Ammersees.

23

DER HIMMEL ÜBER DIESSEN

Am Westufer des Ammersees

Zwei ganz unterschiedliche Gesichter zeigt uns diese Tour westlich des Ammersees. Am Anfang führt sie am Ufer des Ammersees entlang, der uns mit schönen Badestellen lockt. Dann erkunden wir das stille Hügelland westlich des Sees, das immer wieder weite Ausblicke bietet. Vorbei an einer keltischen Viereckschanze führt uns der Weg nach Dießen, wo wir im Marienmünster den Dießener Himmel bestaunen können.

VON DIESSEN NACH UTTING Vor dem Bahnhof Dießen wenden wir uns nach rechts und radeln entlang der Gleise über den großen Parkplatz. Nach kurzer Fahrt geht es vor dem roten Stellwerksgebäude rechts über die Gleise und dann an der Bahnlinie entlang nach links. Wir folgen geradewegs einem Kiesweg und treffen bei dem Kirchlein von St. Alban auf eine Teerstraße, die nach links abknickt. An der folgenden Kreuzung biegen wir rechts ab und radeln am Strandbad St. Alban vorbei auf schmaler Straße nach Riederau. Rechts der Bahnlinie geht es geradewegs durch den Ort und dann auf einem Waldweg nach Holzhausen. Hier fahren wir geradeaus, bis wir neben einem Bahnübergang auf eine schmale Vorfahrtsstraße treffen. Auf dieser geht es rechts nach Utting. Wir radeln vorbei am Seepark und biegen nach dem Bahnübergang rechts in die Maria-Theresia-Straße ein. An ihrem Ende biegen wir auf der Straße Im Gries nach links, kommen am Dorfbrunnen vorbei und anschließend auf dem Seefelderhofberg rechts kurz steil aufwärts zur viel befahrenen Hauptstraße.

VON UTTING NACH OBERFINNING Wir folgen in Utting der Hauptstraße kurz nach links und biegen vor der Leonhardskirche rechts in die Entrachinger Straße. Nach wenigen Metern geht es rechts in die Achselschwanger Straße und auf dem schmalen Sträßchen über die Felder aufwärts. Nach dem ersten Anstieg ignorieren wir einen rechts abzweigenden, betonierten Wirtschaftsweg und fahren 250 Meter weiter rechts auf einen Kiesweg. An der nächsten Kreuzung fahren wir nach links und aufwärts zur herrlich gelegenen keltischen Viereckschanze, deren mächtige Erdwälle sich noch deutlich im Gelände abzeichnen. Der Wirtschaftsweg knickt kurz danach rechts zu einem Querweg ab, auf dem wir

Tipp

DER DIESSENER HIMMEL

Von den Grafen von Dießen wurde Anfang des 12. Jahrhunderts das Augustinerchorherrenstift Dießen gegründet. Bedeutendstes Bauwerk Dießens ist die ehemalige Klosterkirche, das Marienmünster, die das Ortsbild beherrscht. Sie wurde von 1732 bis 1739 vom berühmten Baumeister Johann Michael Fischer erbaut und gilt als Perle der bayerischen Barockkunst. Die Stuckaturen, Altäre und Kanzeln wurden von den besten Künstlern jener Zeit geschaffen. Berühmt sind die Deckenfresken von Johann Georg Bergmüller. Jenes in der Kuppel über dem Altarraum, in dem die Aufnahme der seligen Mechthildis aus dem Haus Dießen ins Kloster dargestellt ist, wird Dießener Himmel genannt. Die Gebeine von Mechthildis, die im 12. Jahrhundert lebte, werden im Münster in einem Glasschrein am Magdalenenaltar aufbewahrt.

Direkt am Ufer des Ammersees steht das Kirchlein von St. Alban.

links nach Achselschwang radeln. Auf dem Quersträßchen fahren wir nach links ab und an der nächsten Kreuzung folgen wir den Radwegweisern nach rechts. Bei der nächsten Gabelung geht es nach links und nach einem kurzen Anstieg auf dem Hauptweg an einigen Wochenendhäuschen vorbei. Wir radeln geradeaus, bis wir uns nach einem etwas holprigen Waldstück an einer Kreuzung rechts halten. Im Auf und Ab gelangen wir über die Wiesen zu einer Vorfahrtsstraße, fahren kurz nach rechts und dann links nach Oberfinning. Im Dorf radeln wir auf der vorfahrtberechtigten Mühlstraße rechts über die Windach zur Hauptstraße, die uns links ins nahe Ortszentrum von Oberfinning bringt.

Tipp

SEHENS- UND WISSENSWERTES

Das ehemals kleine Fischerdorf Utting wurde um das Jahr 1900 ein beliebtes Ziel Münchener Künstler. An diese Zeit erinnert die zwischen Holzhausen und Utting gelegene Jugendstilvilla des Künstlerpaares Gasteiger. In dem im Originalzustand erhaltenen, idyllisch gelegenen Gebäude ist heute das kleine Museum im Künstlerhaus Gasteiger untergebracht, geöffnet April bis Oktober, So 14–17 Uhr. Oberhalb von Utting führt uns die Tour an einer imposanten Keltenschanze vorbei. Nach neuestem Forschungsstand handelt es sich bei diesen in den letzten vorchristlichen Jahrhunderten errichteten Wallanlagen nicht wie auf der Schautafel angegeben um keltische Kultplätze, sondern um die Befestigungsanlagen keltischer Gutshöfe. In Dießen lohnt der Besuch der Klosterkirche und das etwas unterhalb an der Hauptstraße gelegene Carl-Orff-Museum, das an den Komponisten erinnert, der lange in Dießen gelebt hat; geöffnet Sa, So und feiertags 14–17 Uhr.

VON OBERFINNING NACH DIESSEN In Oberfinning fahren wir von der Mariensäule aus auf der Stauseestraße zum Ortsrand. Links gelangen wir auf den Radweg, der uns unter der Landstraße hindurchführt, und dann einen Kilometer auf der Straße bis zu einer Gabelung, an der wir nach rechts abbiegen. Nach kurzer Fahrt kann man links einen Abstecher zu den Badeplätzen am Windachspeicher machen. Wir halten uns jedoch hier und an der folgenden Gabelung jeweils rechts und mühen uns auf schmaler Teerstraße über mehrere nicht allzu lange Anstiege hinauf zum höchsten Punkt des Kramerberges. Die Anstrengung wird mit einem herrlichen Blick über das sanft gewellte Alpenvorland zur langgestreckten Kette der Alpengipfel belohnt. Wir fahren weiterhin auf dem schmalen Sträßchen, bis wir nach zwei Kilometern an der ersten Hofstelle von Hofstetten den Radwegweisern nach Obermühlhausen scharf nach links folgen. Nun geht es auf schmalen Sträßchen im Auf und Ab durch die bezaubernde Landschaft, bis wir am Beginn eines längeren Anstieges links ins nahe Obermühlhausen abbiegen. Geradewegs radeln wir durch den Ort und über die Windach zu einer Vorfahrtsstraße, der wir nach rechts folgen. Nach 300 Metern biegen wir links ab, radeln bald an Unterbeuern vorbei und halten uns an der Gabelung in Oberbeuern rechts. Kurz vor Dettenhofen treffen wir auf eine Querstraße, der wir links abwärts zu einer nahen Kreuzung vor dem Beuerbach folgen. Geradeaus führt die beschilderte und etwas kürzere Radroute über Bierdorf zurück nach Dießen. Wir biegen jedoch rechts auf einen Kiesweg ab und folgen dem Bach zur Landstraße. Auf ihr fahren wir wenige Meter links über die Brücke und dann wieder rechts auf den Wirtschaftsweg,

Johann Michael Fischer gestaltete die Barockfassade der Dießener Klosterkirche.

Dießener Himmel nennt man das Deckenfresko in der Dießener Klosterkirche.

der weiterhin dem Beuerbach folgt. Nach einem Kilometer fahren wir an der Gabelung nach einem Brückchen auf dem Teersträßchen nach rechts und nach einem kurzen Anstieg geradeaus auf eine unbefestigte Forststraße. Sie führt uns durch den Wald zur schmalen Landstraße, auf der wir nach rechts radeln. Nach 300 Metern biegen wir links in eine schmale, aussichtsreiche Teerstraße ein, die bald vom Jungfernberg abwärts zu einer Vorfahrtsstraße verläuft. Auf ihr geht es nach rechts und über die Wiesen abwärts in das Dörfchen Wengen. Geradewegs fahren wir auf der Vorfahrtsstraße durch das beschauliche Dießen abwärts in den Ortsteil St. Georg. Unterhalb der Kirche knickt die Hauptstraße

nach links, und wenige Meter weiter biegen wir rechts in das Sträßchen Am Kirchsteig ein. Nach einer Kastanienallee treffen wir auf eine vorfahrtberechtigte Querstraße. Links führt ein kurzer Abstecher zur herrlichen Klosterkirche von Dießen.
Um die viel befahrene Hauptstraße in Dießen zu meiden, radeln wir auf der Querstraße jedoch wenige Meter nach rechts und biegen dann links auf den Klosterberg ab. Er führt abwärts und knickt nach dem Augustinum links ab zu einer Kreuzung. Wir radeln auf der Schützenstraße zur Hauptstraße, auf ihr wenige Meter nach rechts und dann links in die Von-Eichendorff-Straße. Nach 300 Metern geht es rechts auf der Neudießener Straße abwärts zur viel befahrenen Ortsdurchfahrt, wenige Meter nach rechts und dann links auf der Bahnhofstraße zurück zum Bahnhof Dießen.

INFO

HIGHLIGHT
Sehenswürdigkeit

TOURENCHARAKTER
Die Rundtour verläuft bis auf kurze Abschnitte in Utting, Oberfinning und Dießen durchweg auf verkehrsfreien Wirtschaftswegen oder verkehrsarmen Nebenstraßen.

AUSGANGS-/ENDPUNKT
Bahnhof Dießen

GPS-DATEN
47.9505 N, 11.1076 O

ANFAHRT
Auto: Dießen ist von der A 96 über die Ausfahrt Greifenberg und die Staatsstraße 2055 zu erreichen.
Bahn: Dießen liegt an der Bahnstrecke, die von Augsburg über Weilheim nach Schongau verläuft.

WEGVERLAUF
Dießen – Utting (9,5 km) – Oberfinning (18 km) – Dießen (40 km)

RADKARTE
ADFC-Regionalkarte 1:75 000, Blatt Bayerische Seen

EINKEHR
In Dießen-St.Alban, Riederau, Utting, Oberfinning und Dießen

Mittel	40 km	280 Hm	3.30 Std.

INFORMATION
Touristinfo Dießen, Tel. 08807/10 48, www.tourist-info-diessen.de

ZWISCHEN BAYERN UND SCHWABEN

Landsberg und der Lechrain

Diese Tour führt uns durch das Herzstück des Lechrain, jener Landschaft, die das Grenzgebiet zwischen Bayern und Schwaben bildet. Vorbei an der Reichsabtei St. Ottilien radeln wir durch das aussichtsreiche Hügelland, das das Lechtal vom Ammerseebecken trennt. Am Lech entlang erreichen wir das altehrwürdige Landsberg, wo wir uns in der malerischen Altstadt eine Pause gönnen. Vorbei am Ritterschloss von Kaltenberg geht es schließlich nach einem langen Radeltag zurück zum Ausgangspunkt.

24

Blick über den Lech zur Altstadt von Landsberg

VON GELTENDORF NACH HAGENHEIM

Vor dem Bahnhof Geltendorf wenden wir uns nach rechts und radeln an der Bahnlinie entlang. Nach kurzer Fahrt geht es rechts durch beide Bahnunterführungen und dann auf einem breiten, unbefestigten Alleeweg zum Kloster St. Ottilien. Dort radeln wir auf der Straße kurz nach rechts und biegen am Rechtsknick vor dem Emminger Hof links auf den Weg ab, der durch das Klostergelände zur großen Abteikirche führt. Hier fahren wir auf einem Kiesweg kurz abwärts und an der folgenden Kreuzung an der Klostermauer entlang nach rechts. Jetzt geht es geradewegs durch den Wald und kurz vor Eresing an einer Gabelung nach links. Auf dem Teersträßchen radeln wir abwärts zur vorfahrtberechtigten Pflaumdorfer Straße, die uns rechts zu einer Kreuzung an der Kirche im Ortszentrum von Eresing führt. Hier fahren wir kurz nach links, dann rechts in die Kirchstraße und an der folgenden Gabelung links auf der Mittleren Dorfstraße zur Hauptstraße. Auf ihr geht es kurz nach links und dann rechts auf der Ramsacher Straße geradewegs aus dem Ort.

Im Wald folgen wir nach einem Anstieg an einer Gabelung dem nach Landsberg ausgeschilderten Teersträßchen. Nun radeln wir auf gut zu befahrendem Wirtschaftsweg durch Wald und über Felder ins Dörfchen Ramsach. Geradeaus kommen wir in den Ort und über eine Vorfahrtsstraße auf eine schmale Teerstraße, die uns nach Penzing führt. Dort biegen wir dann an der ersten Kreuzung nach links ab und radeln auf der Stillerhofstraße aus dem Ort.

Vorbei an einem schönen Baggersee, der im Sommer zu einer Badepause verführt, folgen wir immer dem breiten Hauptweg zur A 96, die überquert wird. Wir treffen auf eine parallel zur Autobahn verlaufende Vorfahrtsstraße, der wir nach rechts folgen. Nach 450 Metern biegen wir rechts zum Gut Stil-

Tipp

HISTORISCHES LANDSBERG

Im 12. Jahrhundert wurde Landsberg an einem wichtigen Lechübergang von Heinrich dem Löwen gegründet und begeistert noch heute mit seiner mittelalterlich-barocken Altstadt, die zu den schönsten in Oberbayern zählt. Am weiten Hauptplatz mit dem malerischen Marienbrunnen steht das prächtige Rokokorathaus. Die herrliche Stuckfassade schuf Dominikus Zimmermann – Bürger und zeitweise auch Bürgermeister von Landsberg. Als bedeutendste Teile der Stadtbefestigung gelten der im 14. Jahrhundert erbaute Schöne Turm und das Bayertor (1425) am oberen Rand der Altstadt. Sakrale Kunst findet man in der gotischen Stadtkirche Maria Himmelfahrt mit ihrer wertvollen mittelalterlichen und barocken Ausstattung. Die Malteser- und die Johanneskirche sind im Inneren in Rokoko gestaltet.

Das mittelalterliche Bayertor bewacht einen Eingang zur Landsberger Altstadt.

Tipp

SEHENS- UND WISSENSWERTES

Ab 1886 entstand an Stelle des stillgelegten Weilers Emming das benediktinische Missionskloster St. Ottilien, das heute zu den größten Klöstern in Deutschland zählt. Der Klosterkomplex der Reichsabtei wird von der neugotischen Abteikirche überragt. Neben der Hauptkirche sind das gotisch-barocke Ottilien-Kircherl und das Missionsmuseum mit seinen ethnologischen Sammlungen einen Besuch wert. In der Dorfkirche von Pitzling besticht der barocke Hochaltar, der aus dem aufgelösten Kloster Wessobrunn hierher kam. Am nördlichen Ortsrand liegt das Barockschloss Pöring mit Schlosskirche, das sich allerdings in Privatbesitz befindet. Über dem Ort Altkaufering thront die barocke Pfarrkirche St. Johannes der Täufer, die im Inneren eine prächtige Barock- und Rokokoausstattung besitzt. Die ursprüngliche Burg Kaltenberg wurde 1292 erbaut und später zum Schloss umgebaut. Mitte des 19. Jahrhunderts erhielt das Schloss, das heute Prinz Luitpold von Bayern gehört, sein heutiges Aussehen. Im Schloss sind ein Teil der König Ludwig Schlossbrauerei und das Bräustüberl Schloss Kaltenberg untergebracht. Berühmt ist Kaltenberg vor allem aber für die Ritterspiele und für den dazugehörigen Mittelaltermarkt.

lern ab und radeln über einen bewaldeten Hügel nach Westerschondorf. Hinter dem Weiler fahren wir über eine Vorfahrtsstraße und auf einer Forststraße durch den Wald. Nach einem kurzen Anstieg erreichen wir eine Teerstraße, die geradewegs auf Hofheim zuläuft. Über herrlich aussichtstreiche Wiesen lassen wir die Räder kurz abwärts laufen und biegen dann rechts auf einen mit Radwegweisern Richtung Landsberg ausgeschilderten Feldweg ab. Wir folgen ihm bis kurz vor den Wald und biegen dort an der Kreuzung vor einer Hütte nach links ab. Am Ortsrand von Hofstetten fahren wir über die Hauptstraße und über die Ortszufahrtsstraße in einen Feldweg, auf dem wir nach Hagenheim radeln. Wir treffen auf die Hauptstraße, der wir kurz nach rechts folgen.

VON HAGENHEIM NACH LANDSBERG In Hagenheim biegen wir vor dem Gasthof Zum Löwen in die Forststraße ein, auf der wir aus dem Dorf radeln. Wir folgen dem befestigten Sträßchen, bis wir nach einer kurzen Abfahrt neben einer Holzhütte eine Wegkreuzung erreichen. Hier fahren wir rechts auf den guten Forstweg, der an der Hütte vorbeiführt. Nach einem kurzen Anstieg an einer Weggabelung halten wir uns rechts und erreichen nach 300 Metern am Rand einer Wiese eine Wegkreuzung. Hier fahren wir wieder nach rechts und am Rand der Wiese zur Landstraße, über die wir zu einem Kiesweg fahren. Auf diesem Weg gelangen wir links zum nahen Streicherhof. Wir biegen rechts auf eine schmale Teerstraße ein, die sich über die Felder schlängelt. Nach 900 Metern geht es an der Kreuzung nach rechts und vorbei am Gnadenhof Frauenwies zu einer Vorfahrtsstraße. Wir radeln wenige Meter nach rechts und biegen danach links auf einen Wirtschaftsweg ab, der am Waldrand entlangläuft. Er knickt bald rechts zu einer Forststraße ab, der wir nach rechts folgen. An der nächsten Kreuzung fahren wir nach links und bald auf breitem Querweg nach rechts. Nach 150 Metern biegen wir in die zweite links abgehende Forststraße ein und radeln abwärts zu den Feldern im Lechtal. Wir treffen auf einen Querweg, der uns rechts nach Pitzling führt. Nun fahren wir in den Ort und auf der Reitenstraße abwärts zu einer Vorfahrtsstraße.

Der herrliche Hauptplatz mit dem Schmalzturm ist das Zentrum der Landsberger Altstadt.

In der Schlosswirtschaft Kaltenberg kann man die Tour ausklingen lassen.

Auf ihr geht es wenige Meter nach rechts und an der Kirche von Pitzling links in die Seestraße, auf der wir das Dorf verlassen. Der Weg führt uns, vorbei am beliebten Gasthof Teufelsküche, am Lechufer entlang zu einer Weggabelung. Hier radeln wir entweder rechts durch den Wildpark oder links am Lech entlang weiter nach Landsberg am Lech. Kurz nach dem Gasthaus Klösterl treffen wir neben der Lechbrücke auf die breite Hauptstraße, die uns rechts zum nahen Hauptplatz im Herzen der Altstadt von Landsberg führt.

VON LANDSBERG NACH GELTENDORF

Am Hauptplatz in Landsberg fahren wir links in die für Radler freigegebene Fußgängerzone. Bis Kaufering weisen uns nun die Schilder des Radweges Romantische Straße die Richtung. Geradewegs geht es an der großen Pfarrkirche vorbei durch die Altstadt, die wir durch das Sandauer Tor verlassen. Kurz darauf fahren wir über den Lech und direkt nach der Brücke rechts auf einen Radweg. Wir bleiben immer so nah wie möglich am Lech und erreichen nach einem Linksschwenk einen geteerten Radweg, der uns entlang einer Straße zur Lechbrücke von Kaufering führt. Wir überqueren den Fluss und biegen nach der Brücke in Altkaufering links in den Brückenring ein. Er knickt bald scharf nach rechts ab und bringt uns zu einer Kreuzung, an der wir links auf die Scheuringer Straße schwenken. Am Ende eines kurzen Anstieges geht es rechts auf einen Feldweg und an der folgenden Kreuzung links zu einer sternförmigen Kreuzung vor einem Hof. Hier fahren wir halb rechts auf einen Wirtschaftsweg, dem wir nun drei Kilometer über die Felder folgen. Anschließend halten wir uns an einer Kreuzung nach einem Waldstück rechts und radeln über eine Kuppe auf schmaler Straße nach Weil. Wir biegen links in die Wolfgangstraße und an der Kreuzung nach dem Kirchlein mit dem schiefen Turm rechts in den Kreuzweg ein. Auf der folgenden Vorfahrtsstraße geht es rechts zur Landstraße, weiter nach links und dann rechts in die Geretshausener Straße. Am Ortsrand beginnt ein Radweg, auf dem wir nach Geretshausen fahren. Kurz geht es aufwärts durch den Ort und dann links auf wenig befahrener Straße nach Petzenhausen. Wir radeln auf der Oberen Bergstraße links in den Ort und wechseln nach einem Rechtsknick geradewegs auf die Schlettstraße. An der Gabelung am Ortsrand halten wir uns links und treffen in Jedelstetten auf eine Querstraße. Kurz geht es nach links und dann rechts zum Radweg an der Kreisstraße, dem wir nach rechts folgen. An seinem Ende fahren wir über die Hauptstraße in die nach Kaltenberg ausgeschilderte Nebenstraße und bald über eine Vorfahrtsstraße und vorbei an den Ständen des Mittelaltermarktes bis zu einer Kreuzung vor Schloss Kaltenberg. Wir biegen nach rechts ab und fahren an der Ritterspielarena vorbei zu einer

Gabelung. Auf der schmalen Prinz-Heinrich-Straße geht es links abwärts und danach geradeaus zu einer Vorfahrtsstraße. Jetzt links in die Von-Willibald-Straße und nach der Bahnlinie rechts in die Lindenstraße. Nach 700 Metern fahren wir über die Landstraße und auf dem Kiesweg an der Bahnlinie entlang zu einer schmalen Teerstraße. Jetzt wenige Meter links und dann rechts auf einen Wirtschaftsweg. Wir nehmen den Hauptweg durch den Wald und stoßen am Ortsrand von Geltendorf auf die Bahnhofstraße. Auf ihr fahren wir nach rechts und vor der Bahnlinie links zum nahen Bahnhof Geltendorf.

INFO

HIGHLIGHT
Sehenswürdigkeit

TOURENCHARAKTER
Rundtour auf verkehrsfreien Rad- und Wirtschaftswegen oder verkehrsarmen Nebenstraßen, wenige kurze Abschnitte auf mäßig befahrenen Straßen

AUSGANGS-/ENDPUNKT
Bahnhof Geltendorf

GPS-DATEN
48.1060 N, 11.0375 O

ANFAHRT
Auto:
Geltendorf ist von der A 96 über die Ausfahrt Schöffelding bzw. Windach und die Kreisstraße 13 zu erreichen. Gute Parkmöglichkeiten auch am nahen Kloster St. Ottilien.
Bahn:
In Geltendorf kreuzen sich die Bahnlinien von München nach Lindau und von Augsburg nach Schongau; von München aus ist Geltendorf mit der S4 zu erreichen.

WEGVERLAUF
Geltendorf – Eresing (4,5 km) – Hagenheim (24,5 km) – Landsberg (38,5 km) – Kaltenberg (57,5 km) – Geltendorf (62,5 km)

RADKARTE
ADFC-Regionalkarte 1:75 000, Blatt Bayerische Seen und Blatt Augsburg und Umgebung

Mittel | 62,5 km | 350 Hm | 5.00 Std.

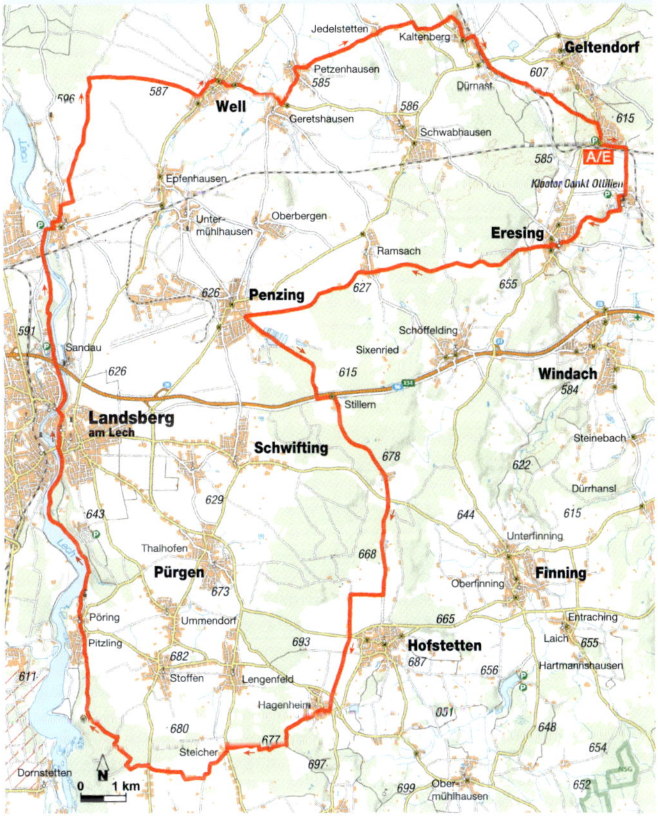

EINKEHR
In St. Ottilien, Eresing, Hagenheim, Pitzling, an der Teufelsküche, in Landsberg, Kaufering, Weil und Kaltenberg

INFORMATION
Tourismusverband Ammersee Lech, Tel. 08191/12 82 47, www.ammerseelech.de

PS:

PACK DIE BADEHOSE EIN Die Eiszeitgletscher haben uns im Alpenvorland wundervolle kleine und große Seen hinterlassen. So enden an heißen Sommertagen schweißtreibende Radtouren wie zum Beispiel jene bei Bad Endorf (Tour 7), bei Iffeldorf (Tour 17) oder bei Tutzing (Tour 19) als erfrischendes Badevergnügen – also Badesachen nicht vergessen.

ALPENVORLAND LIGHT FÜR DIE GANZE FAMILIE

Die Touren im hügeligen Alpenvorland sind geprägt durch ständiges – gottlob meist recht harmloses – Auf und Ab. Selbst sanfte Anstiege können für Familien mit Kindern zu einem Hindernis werden. Doch einige Routen, wie die an der Tiroler Ache (Tour 5, Kurzvariante), bei Benediktbeuern (Tour 12) und im Murnauer Moos (Tour 14), sind nahezu steigungsfrei, vollkommen familientauglich und bestens geeignet für Einsteiger.

KULTOUREN IM ALPENVORLAND

Mein ganz besonderes Interesse gilt der Geschichte und Kultur des Alpenvorlandes, denn nur durch das Zusammenspiel von Mensch und Natur entsteht das Gesamtkunstwerk Oberbayern. Immer wieder nimmt mich die unvergleichliche Stimmung gefangen, die von Keltenschanzen, Klöstern, romantischen Städten oder barocken Kirchen ausgeht. Nahezu jede der Touren bietet die Chance auf kleine und große Entdeckungen.

MIT LEIB UND SEELE

Zu einer Radtour im Oberland gehört auch eine zünftige Einkehr. Die meisten Touren führen an schattigen Biergärten und stimmungsvollen Gasthäusern vorbei. Genießen Sie die urigen Wirtschaften wie das Bräustüberl Maxlrain (Tour 8), den Gasthof Ähndl (Touren 14 und 15) oder die altehrwürdigen Klosterbräustüberl wie in Baumburg (Tour 6) oder Andechs (Tour 19).

Viel Spaß beim Radeln

Bernhard Irlinger

Die Waldwirtschaft Forstkasten –
ein beliebtes Ausflugsziel bei Gauting

REGISTER

IMPRESSUM

Verantwortlich: Stefanie Krüger, Cornelius Traub
Redaktion und Lektorat: Susanne Maute, mcp concept GmbH
Layout- und Reihengestaltung: Mathias Frisch
Covergestaltung: Rudi Stix
Satz: mcp concept GmbH
Repro: LUDWIG:media
Kartografie: Bruckmann Verlag GmbH, Heidi Schmalfuß
Herstellung: Alexander Knoll
Printed in Slovenia by Florjancic

Exklusiv für Sie als Leser:

MIT GPS-DATEN ZUM DOWNLOAD

unter: gps.bruckmann.de

Sind Sie mit diesem Titel zufrieden? Dann würden wir uns über Ihre Weiterempfehlung freuen.
Erzählen Sie es im Freundeskreis, berichten Sie Ihrem Buchhändler, oder bewerten Sie bei Onlinekauf. Und wenn Sie Kritik, Korrekturen, Aktualisierungen haben, freuen wir uns über Ihre Nachricht an Bruckmann Verlag, Postfach 40 02 09, D-80702 München oder per E-Mail an lektorat@verlagshaus.de.

Unser komplettes Programm finden Sie unter www.bruckmann.de

Alle Angaben dieses Werkes wurden vom Autor sorgfältig recherchiert und auf den neuesten Stand gebracht sowie vom Verlag geprüft. Für die Richtigkeit der Angaben kann jedoch keine Haftung übernommen werden, weshalb die Nutzung auf eigene Gefahr erfolgt. Insbesondere bei GPS-Daten können Abweichungen nicht ausgeschlossen werden. Sollte dieses Werk Links auf Webseiten Dritter enthalten, so machen wir uns die Inhalte nicht zu eigen und übernehmen für die Inhalte keine Haftung.
In diesem Buch wird aus Gründen der besseren Lesbarkeit das generische Maskulinum verwendet. Weibliche und anderweitige Geschlechteridentitäten werden dabei ausdrücklich mitgemeint, soweit es für die Aussage erforderlich ist.

Empfehlung der Redaktion
Sie sind auf der Suche nach weiterführender Literatur? Dann empfehlen wir Ihnen den Titel *Radtouren am Wasser München und Umgebung* von Bernhard Irlinger. Oder Sie werfen einen Blick in die Zeitschrift *BERGSTEIGER*. Hier werden Sie bestimmt fündig.

Bildnachweis: Alle Bilder im Innenteil und auf dem Umschlag stammen vom Autor.
Umschlagvorderseite: Ruhige Radltouren mit Bergpanorama
Umschlagrückseite: Bräustüberl von Kloster Reutberg (Tour 11)

Die Deutsche Nationalbibliothek verzeichnet diese Publikation in der Deutschen Nationalbibliografie; detaillierte bibliografische Daten sind im Internet über http://dnb.d-nb.de abrufbar.

© 2023 Bruckmann Verlag GmbH
Infanteriestraße 11a
80797 München

ISBN: 978-3-7343-2475-1